Reihe ETIKETT

Oskar von Miller Straße 18, 60314 Frankfurt am Main

Gestaltung:
Urs van der Leyn, Basel
Umschlagsentwurf:
Bärbel Bohr, Heidelberg
Gesamtherstellung:
Majuskel Medienproduktion GmbH, Wetzlar
Printed in Germany

ISBN 3 933974 11 9

Ein literarischer Gang an die Börse

Herausgegeben von

Sabine Tost
und
Alban Nikolai Herbst

axel dielmann — verlag

Kommanditgesellschaft in Frankfurt am Main

Der Verlag und die Herausgeber
bedanken sich sehr herzlich
für die freundliche Zusammenarbeit
und die Unterstützung bei
der Entstehung des Buches durch

SAP Systems Integration AG,
St. Petersburger Straße 9,
D – 01069 Dresden,
Telefon +41 (3 51) 48 11 - 0

sowie durch
den Konsortialführer ihres IPOs

Commerzbank
Securities
Japan-Center
Taunustor 2
D – 60311 Frankfurt am Main

INHALT

Vorwort

Schriftstellern sagt man gerne nach, daß sie in ihrem sprichwörtlichen »Elfenbeinturm« lebten, weltabgewandt und fern aller Alltagszusammenhänge. Wie also könnte man sich dem Thema »Börse« ausgerechnet durch eine Sammlung von literarischen Texten über das »Parkett« und den Aktienhandel nähern?

Die allermeisten Autoren umgehen in der Tat den gesamten Komplex des Pekuniären ebenso grundsätzlich wie gründlich. Bei denjenigen Schriftstellern jedoch, die das Thema Geld und seine Bewegungen irgend einmal auftauchen lassen, findet sich das Monetäre immer wieder und zumeist auch in allen seinen Ausprägungen. Die realistisch erzählenden Amerikaner John Updike und Upton Sinclair aus den 20er bis 60er Jahren des jüngstvergangenen Jahrhunderts beispielsweise ebenso wie F. Scott Fitzgerald führen uns mit ihren Büchern und Romanhelden immer aufs Neue an die Börse, Heinrich Heine, der kritische Bankiersneffe, weiß in vielen seiner Tage- und sonstigen Bücher großartige Anekdoten vom Geldverkehr. – Wer einmal die Faszination der Geldflüsse erfahren (und geschildert) hat, der kommt, wie etwa John Steinbeck und John Dos Pasos oder Carl Sternheim in seiner Theaterstückserie »Aus dem bürgerlichen Heldenleben«, immer wieder zu diesem Kernthema zurück.

Entsprechend finden sich börsennotierende Schriftsteller von den frühen Jahren der Börse an, und je mehr der Börsenhandel über die zurückliegenden Jahrzehnte an Bedeutung gewonnen und sich beschleunigt hat, desto mehr haben die Autoren der Weltliteratur das Thema in ihre Romane und Erzählungen aufgenommen und ihre Figuren und Szenen aus dieser Welt entlehnt. Hätten die Herausgeber allerdings versucht, in dieser Hinsicht Vollständigkeit herzustellen, so hätte das den Rahmen dieses Buches bei weitem gesprengt:

Denn natürlich findet sich jede Menge »Börsengesummse« (Georg Chr. Lichtenberg) im »Großen Gatsby« von F. Scott Fitzgerald, und der 80er Jahre Bestseller von Sloan Wilson »Der Mann im grauen Flanell« spielt gleichermaßen auf dem Parkett wie Philip Bronsons »Der Broker« wie der historische Rückblick in »Die Getreidebörse« von Frank Norris. Es schien jedoch nicht so reizvoll, eine vollständige Ansammlung von Häppchen zusammenzutragen, als vielmehr durch die eigenwilligen Betrachtungsweisen und Blickwinkel einiger ausgesuchter Schriftsteller die gesamte Welt der Börse und ihre Umgebungen zu beleuchten. Zu empfehlen wäre manches weitere, vor allem der genußreich zu lesenden und noch kaum richtig entdeckte Groß-Essay »Die Philosophie des Geldes« von Georg Simmel, aber auch »Insider-Berichte« wie Michael Lewis' »Wall Street Poker« oder Friedhelm Buschs »Greife nie in ein fallendes Messer«... und es ist hier die Stelle, all jenen zu danken, die das vorliegende Buch durch Ihre börsenliterarische Belesenheit unterstützten; insonders Frau Susanne Gierten, IPO-Beraterin in Frankfurt; Frau Evangelia Karamountzou, Marburg; Herrn Kai Goerlich, SAP Systems Integration AG; Herrn Johan Harle, Soziologe in Frankfurt; und dem Publizisten Dr. Wolfgang Schopf, Oberursel.

Ein Blick in all diese Literaturen lohnt sich für den Börsenangehörigen ebenso wie für den nur peripher am Aktienmarkt Interessierten: Etwa läßt sich eine Konjunktur des Themas Börse erkennen, nach der über die ersten hundert Jahre hinweg kaum ein Autor sich des jungen Handelsweges Börse angenommen hat; danach taucht die Börse im 17. Jahrhundert immer wieder einmal auf; um dann im beginnenden 19. Jahrhundert einen mächtigen Aufschwung zu erleben – just zu der Zeit, da die großen Aktiengesellschaften und ein sich verbreiternder Aktienhandel die großen Industrie-Unternehmen zu gründen halfen.

In ähnlicher Weise spiegelt sich die jeweilige Bedeutsamkeit der einzelnen Börsenplätze zu den verschiedenen Zeiten: Während Literaten in der Mitte des 19. Jahrhunderts immer wieder Frankfurt mit seinem prunkvollen Börsenbau schilderten (Ludwig Börne beispielsweise unternahm erzählerische Ausflüge in den Prachtbau), zielt das literarisch-börsianische Porträt zu Beginn des 20. Jahrhunderts eher auf das Geschehen an der Pariser Börse ab (wohin es etwa Louis Aragon immer wieder zieht und wo auch der erzählgewaltige Alexandre Dumas, pere, seinen »Graf von Montechristo« zum Teil ansiedelt); die Londoner Börse ist en passant immer wieder einmal Schauplatz von Roman-Szenen, während die großen und lesenswerten japanischen Erzähler sich bei aller Heimatverbundenheit nie recht an ihren Handelsplatz Tokyo herangewagt haben – und schließlich ist es zum ausgehenden 20. Jahrhundert die New York Stock Exchange, die ganz gewaltig im Kurs der jüngeren und arrivierten Erzähler und Dichter steigt.

Interessant bei aller literarischen und sprachkünstlerischen Begeisterung für die Börse, daß ausgerechnet die Etymologie, die Herkunft und genauere Entstehung des Wortes selbst, nicht wirklich geklärt ist:

Nach einer Version ist die »bursa«, der lateinische Geldbeutel, die kleinformatige Wortwurzel der Börse, welcher nur der mittelalterliche »Beutelschneider«, das Pendant zum heutigen Taschendieb, gefährlich werden konnte. Nach anderen Auslegungen geht das Wort auf ein Patriziergeschlecht »van der Buerse« aus dem

Brügge des späten 13. Jahrhunderts zurück: Im Schutz von deren herrschaftlichem Haus trafen sich italienische Tuch-Händler um die Mittagsstunden festgelegter Tage – woraus gleich auch der Begriff der »Börsenzeiten« entstanden sein soll.

Anders als auf dem »Markt« waren hier nur bestimmte und zum Handel anzumeldende (fungible) Güter zugelassen; Art, Güte, Beschaffenheit und Menge wurden vor Eröffnung der Händlertreffen bekanntgegeben. Der Name »Börse« selbst wird indes erst im 16. Jahrhundert offiziell angewandt, als zunächst die katalanischen Seehandelstädte Lissabon, Sevilla und Cádiz, dann ab 1531 die Stadt Antwerpen eine internationale Börse mit festen Gebäuden für den Börsenhandel einrichteten. In Frankreich folgten 1546 Toulouse und 1566 Rouen, während Paris erst um 1725 eine gesetzlich geregelte Börse erhielt. »The Bourse« hieß zunächst die 1566 gegründete Royal Exchange zu London, von welcher der ob seiner Indiskretiönchen berühmtberüchtigte englische Tagebuchschreiber und Sekretär der Admiralität Samuel Pepys genau 100 Jahre nach ihrer Gründung noch die erstaunliche Nachricht liefern konnte: »Kaufte meiner Frau in der Börse einen Muff.« (Es folgt unter jenem 10. Februar 1666 weiter die Eintragung: »Mache mir seit vier oder fünf Monate ernsthafte Sorge wegen meines Schnarchens, gegen das ich kein Mittel weiß« – sein Besuch an der Börse scheint Herrn Pepys also wenig bewegt zu haben.)

Was zu Beginn eine stolze Einrichtung war und heute eine der kaufmännischen Stützen der Weltwirtschaft ist, schien zwischenzeitlich gering geachtet zu sein: Im Jahre 1854, als die Gebrüder Grimm ihr 33 Bände mächtiges Grimm'sches Wörterbuch edierten, speisten sie das Wort Börse mit nur zwei Nennungen ab; einmal die »Börse« selbst mit dem mageren Hinweis auf Schuppius' plattdeutsche Aussprache »börsch«, und dann mit dem Stichwort »Börsenschwindel« – das sie indes nur mit der knappen Anmerkung versehen, daß das Wort männlichen Geschlechts sei – und Schluß!

Mag sein, der in vielem hellsichtige Georg Christoph Lichtenberg hatte schon die Zeichen der Zeit erkannt: Während Aktiengesellschaften und Aktienhandel als Finanzierungsform des mächtigen Aufbruchs zur Gründerzeit und der sich vorbereitenden Industrie-Unternehmungen unersetzlich wurden, notierte Lichtenberg in einem seiner Aphorismen:

»ich sehe auch wirklich nicht ein,
warum nicht börsengesummse
ebenso angenehm sein soll,
als das rauschen des eichenwaldes.«

Tom Wolfe

Der Erfolgsautor Tom Wolfe hat im **Fegefeuer der Eitelkeiten** *sicher eine der rasantesten Schilderungen des Broker-Gewerbes gegeben. Im hiesigen Ausschnitt verbringen wir einen Vormittag bei Pierce & Pierce, dem Investment-Bankhaus, das uns ob seiner geradezu finanzgeschichtlichen Bedeutung im vorliegenden Buch mehrfach begegnet. Erstmals war hier 1987 auch das moderne Trading via Computer in seiner ganzen Tragweite literarisch aufgenommen und eine neue Generation von Finanz-Managern gezeigt worden*

Das Investment-Bankhaus Pierce & Pierce nahm den fünfzigsten, einundfünfzigsten, zweiundfünfzigsten, dreiundfünfzigsten und vierundfünfzigsten Stock eines Glasturms ein, der aus dem düsteren Schoß der Wall Street sechzig Stockwerke hoch aufragte. Die Rentenbörse, an der Sherman arbeitete, lag im fünfzigsten Stockwerk. Jeden Tag trat er aus einem aluminiumverkleideten Fahrstuhl auf eine Etage hinaus, die wie die Rezeption eines dieser neuen Londoner Hotels aussah, die den Yanks etwas bieten wollen. Neben der Fahrstuhltür befand sich ein falscher Kamin mit einem antiken Mahagonisims, dessen Ecken Schnitzereien dicker Obstbüschel zierten. Vor dem falschen Kamin stand ein Kamingitter aus Messing, ein fence oder fender, wie man das auf Landsitzen im Westen Englands nannte. Während der entsprechenden Monate glühte ein imitiertes Feuer darin, das flackernde Lichter auf zwei Messingkaminböcke warf. Die Wand dahinter war ebenfalls mit Mahagoni verkleidet: mit Paneelen in einem satten, rötlichen Ton, in die das Faltwerk so tief eingeschnitzt war, daß man beim bloßen Hinsehen die Kosten in den Fingerspitzen fühlte. All das spiegelte die Leidenschaft des Hauptabteilungsleiters bei Pierce & Pierce, Eugene Lopwitz, für alles Britische wider. Britisches – Bibliotheksleitern, bauchige Konsolen, Sheraton-Beine, Chippendale-Rücken, Zigarrenabschneider, Klubsessel mit Troddeln, Plüschteppiche – wurde von Tag zu Tag mehr auf der fünfzigsten Etage bei Pierce & Pierce. Leider konnte Eugene Lopwitz an der Decke nicht viel ändern, die kaum zwei Meter vierzig hoch war. Der Fußboden war um dreißig Zentimeter angehoben worden. Darunter verliefen genügend Kabel und Drähte, um ganz Guatemala mit Strom zu versorgen. Die Kabel lieferten den Strom für die Computerterminals und Telefone des Börsenraums. Die Decke war dreißig Zentimeter heruntergezogen worden, um Platz für Lampengehäuse, die Rohre der Klimaanlage und ein paar weitere Kilometer Kabel zu schaffen. Der angehobene Fußboden, die tiefere Decke: Es war, als befände man sich auf einem englischen Herrensitz, der plattgedrückt worden war.

War man an dem falschen Kamin vorbei, so hörte man ein wahnsinniges Gebrüll – wie das Toben einer wilden Menge. Es kam irgendwoher um die Ecke. Man konnte es nicht verfehlen. Sherman Mc Coy steuerte schnurstracks und voll Wonne darauf zu. An diesem Morgen schwang sich, wie an jedem Morgen, sein Magen voll darauf ein.

Er bog um die Ecke, und da war er: der Börsensaal von Pierce & Pierce. Es war ein riesiger Raum, vielleicht achtzehn mal vierundzwanzig Meter, aber mit der gleichen Zwei-Meter-vierzig-Decke, die einem auf den Kopf fiel. Es war ein bedrückender Raum mit aggressivem Licht, sich windenden Silhouetten und diesem Gebrüll. Das grelle Licht drang durch eine Glaswand, die nach Süden ging und auf den New Yorker Hafen, die Freiheitsstatue, Staten Island und die Ufer von Brooklyn und New Jersey blickte. Die sich windenden Silhouetten waren die Arme und Oberkörper junger Männer, von denen wenige älter als vierzig waren. Sie hatten ihre Jacketts abgelegt. Sie fuchtelten erregt herum, schwitzten bereits früh am Morgen und schrien, was dieses Gebrüll verursachte. Es war das Geräusch, das wohlerzogene junge Weiße erzeugen, die auf dem Rentenmarkt nach Geld brüllen.

»Nimm doch bitte das Scheißtelefon ab!« kreischte ein rundlicher, rosagesichtiger Harvard-Absolvent des Jahrgangs 1976 jemanden an, der zwei Schreibtischreihen weiter saß. Der Raum glich der Lokalredaktion einer Zeitung. Trennwände und sichtbare Zeichen einer Rangordnung gab es nicht. Alle saßen an hellgrauen Schreibtischen vor kalbfleischfarbenen Computerterminals mit schwarzen Monitoren, über die Reihen grünleuchtender Buchstaben und Zahlen glitten.

»Ich habe gesagt, nimm bitte das Scheißtelefon ab! Wenn ich's sage, meine ich's auch, heiliger Bimbam!« In den Achselhöhlen seines Hemdes sah man dunkle Halbmonde, und der Tag hatte eben erst begonnen.

Ein Yale-Absolvent des Jahrgangs 1973 mit einem Hals, der dreißig Zentimeter aus seinem Hemdkragen herauszuragen schien, starrte auf einen Bildschirm und schrie durch das Telefon einen Broker in Paris an: »Wenn Sie den Scheißmonitor nicht sehen können… Herr du meine Güte, Jean-Pierre, das sind fünf Millionen des *Käufers!* Des *Käufers!* Weiter läuft nichts ein!«

Dann legte er die Hand über die Muschel, blickte zur Decke hoch und sagte laut zu niemand Besonderem außer zu Mammon: »Diese Franzmänner! Diese Scheißfranzmänner!«

Vier Schreibtische weiter setzte sich gerade ein Absolvent der Stanford University, Jahrgang 1979 hin, blickte auf ein Blatt Papier auf seinem Schreibtisch und hielt einen Telefonhörer an sein Ohr. Sein rechter Fuß ruhte auf der Stange eines tragbaren Schuhputzstandes, und ein Schwarzer im Alter von ungefähr fünfzig Jahren – oder war er ungefähr sechzig? –, der Felix hieß, hatte sich über den Fuß gebeugt und bearbeitete den Schuh mit einem Poliertuch. Den ganzen Tag zog Felix von einem Schreibtisch zum anderen und putzte jungen Wertpapierhändlern und -maklern, während sie arbeiteten, für drei Dollar pro Kopf, Trinkgeld inklusive, die Schuhe. Selten wurde ein Wort gewechselt; Felix nahm die Schmutzflecken kaum zur Kenntnis. Genau in dem Moment stand Stanford 79 von seinem Stuhl auf, die Augen noch immer auf das Blatt Papier gerichtet, den Telefonhörer noch immer am Ohr – und den rechten Fuß noch immer auf der Schuhputzstange – und schrie: »Na schön, aber warum, meinen Sie, stoßen alle die Scheißzwanzigjährigen ab?« Nahm den Fuß keine Sekunde von dem Schuhputzstand herunter. Was muß der für kräftige Beine haben, dachte Sherman. Er setzte sich vor sein eigenes Telefon und Computerterminal. Das Geschrei, die Flüche, das Gestikulieren, die Scheißangst und Scheißgier umfingen ihn, und ihm gefiel es. Er war die Nummer eins der Wertpapiermakler, »der größte Producer«, wie die Bezeichnung im Börsenraum von Pierce & Pierce lautete, und er liebte schon allein das Brausen des Sturmes.

»Diese Goldman-Order hat wirklich alles total vermurkst!«

»…du bist verflucht noch mal dran und…«

»…achteinhalb Geld…«

»Ich liege um zwei Zweiunddreißigstel drunter.«

»Jemand lockt dich in eine Scheißfalle. Siehst du das denn nicht?«

»Ich nehme die Order an und kaufe bei sechs plus.«

»Schlag bei der Fünfjährigen zu!«

»Verkauf fünf!«

»Könntest du nicht zehn unterbringen?«

»Du denkst, dies Ding geht weiter hoch?«

»Abstoßfieber bei der Zwanzigjährigen! Diese Trottel reden von nichts anderem mehr.«

»… hundert Millionen Juli-Neunziger sind angesagt…«

»…verdammt kurzfristig…«

»Herrgott, was ist los?«

»Ich glaube das verflucht noch mal nicht!«

»Heilige verfluchte Scheiße!« schrien die Absolventen von Yale, Harvard und Stanford. »Hei-li-ge verfluch-te Schei-ße!«

Wie es diese Söhne der großen Universitäten, diese Nachfahren von Jefferson, Emerson, Thoreau, William James, Frederick Jackson Turner, William Lyons Phelps, Samuel Flagg Bemis und den anderen dreinamigen Giganten amerikanischer Gelehrsamkeit – wie es diese Erben von lux und veritas jetzt zur Wall Street und zur Rentenbörse von Pierce & Pierce drängte!

Und die Geschichten zirkulierten auf jedem Campus! Wenn man innerhalb von fünf Jahren nicht $ 250 000 pro Jahr verdiente, dann war man entweder ungeheuer dämlich oder ungeheuer faul. So ging die Rede. Mit dreißig $ 500 000 – und diese Summe hatte noch den Makel der Mittelmäßigkeit. Mit vierzig verdiente man entweder eine Million pro Jahr, oder man galt als zaghaft und inkompetent. *Tu's jetzt!* Diese Devise brannte in allen Herzen wie eine Myokarditis. Junge Männer an der Wall Street, noch immer Burschen mit glatten Wangen und sauberen Arterien, Burschen, die noch erröten konnten, kauften sich Drei-Millionen-Dollar-Wohnungen an der Park und der Fifth Avenue. (Warum warten?) Sie kauften sich Dreißig-Zimmer-und-vier-Morgen-Sommersitze in Southampton, Anwesen, die in den zwanziger Jahren erbaut und in den Fünfzigern als lästig und unrentabel abgeschrieben worden waren, Villen mit verfallenen Dienstbotentrakten, und sie restaurierten auch die Dienstbotentrakte und bauten sogar an. (Warum nicht? Wir haben das Personal.) Zu den Geburtstagspartys ihrer Kinder ließen sie Karussells herankarren und auf den weiten grünen Rasenflächen aufbauen, komplett mit ganzen Kolonnen von Rummelplatzarbeitern, die sie bedienten. (Eine blühende kleine Industrie.)

Und wo kam dieses ganz überraschende neue Geld her? Sherman hatte Gene Lopwitz sich über dieses Thema unterhalten hören. Nach Lopwitz' Meinung hatten sie das Lyndon Johnson zu verdanken. Klammheimlich hatten die USA angefangen, in Milliardenhöhe Geld zu drucken, um den Krieg in Vietnam finanzieren zu können. Bevor irgend jemand, selbst Johnson, wußte, was los war, hatte eine weltweite Inflation eingesetzt. Allen wurde die Sache klar, als die Araber Anfang der siebziger Jahre plötzlich die Ölpreise in die Höhe schraubten. Im Handumdrehen wurden die Märkte aller Art zu tanzenden Spielbällen: Gold, Silber, Kupfer, Devisen, Bankzertifikate, Industrieaktien – sogar Anleihen. Jahrzehntelang war das Rentengeschäft der bettlägerige Riese an der Wall Street gewesen. In Firmen wie Salomon Brothers, Morgan Stanley, Goldman Sachs und Pierce & Pierce hatte am Rentenmarkt stets zweimal soviel Geld wie am Aktienmarkt die Besitzer gewechselt. Aber die

Preise hatten sich damals nur um Pennies von der Stelle bewegt, und meistens gingen sie nach unten. Wie Lopwitz es ausdrückte: »Der Rentenmarkt ist seit der Schlacht bei den Midways ständig abwärtsgegangen.« Die Schlacht bei den Midways (Sherman mußte es nachschlagen) fand im Zweiten Weltkrieg statt. Die Rentenabteilung bei Pierce & Pierce hatte nur aus zwanzig Figuren bestanden, zwanzig ziemlich trüben Figuren, die Bond Bores genannt wurden: Rentenlangweiler. Jene Angestellten der Firma, die am wenigsten zu Hoffnungen Anlaß gaben, wurden zum Rentenmarkt abgeschoben, wo sie keinen Schaden anrichten konnten.

Sherman sträubte sich gegen den Gedanken, daß das noch genauso gewesen war, als er in die Rentenbörse eingetreten war. Schön, damals war nicht mehr von Bond Bores die Rede... O nein! Ganz und gar nicht! Der Rentenmarkt hatte Feuer gefangen, und erfahrene Makler wie er waren plötzlich sehr gefragt. Mit einemmal verdienten bei den Investmentfirmen die Wall Street rauf und runter die einstigen Bond Bores so viel Geld, daß sie dazu übergingen, sich nach der Arbeit in einer Bar am Hanover Square namens Harry's zu versammeln, um Kriegsberichte abzuliefern... und sich gegenseitig zu versichern, das sei kein dummer Zufall, sondern vielmehr ein kollektiver Talentausbruch. Anleihen stellten jetzt vier Fünftel der Geschäfte von Pierce & Pierce dar, und die jungen Asse, die Yalies, Harvards und Stanfords, drängten begierig zur Rentenbörse von Pierce & Pierce, und in eben diesem Moment brachen sich ihre Stimmen an Eugene Lopwitz' faltwerkgeschmückten Mahagoniwänden.

Masters of the Universe! Das Gebrüll erfüllte Shermans Seele mit Hoffnung, Vertrauen, Korpsgeist und aufrechter Selbstachtung, Jawohl, aufrechter Selbstachtung! Judy verstand doch von alldem hier nichts.

Absolut nichts. Oh, er bemerkte genau, wie ihre Augen jedesmal glasig wurden, wenn er darüber redete. Am Hebel drehen, der die Welt bewegt: Das tat er – und sie wollte lediglich wissen, warum er es nie rechtzeitig zum Abendessen nach Hause schaffte. Wenn er es pünktlich zum Abendbrot nach hause schaffte, worüber würde sie dann reden wollen? Über ihre großartige Innenarchitektur und daß es ihr gelungen war, ihr Apartment in den »Architectural Digest« zu schleusen, was für einen echten Wall Streeter, offen gesagt, eine verdammte Peinlichkeit war. Lobte sie ihn mal für die Hunderttausende von Dollars, die ihre Dekoriererei und ihre Lunches (und was zum Teufel sie sonst noch machte) erst ermöglichten? Nein, das tat sie nicht. Sie nahm sie als gegeben hin... Und so weiter und so fort. Innerhalb von neunzig Sekunden, angeregt von dem mächtigen Gebrüll im Börsenraum von Pierce & Pierce, gelang es Sherman, sich in einen schönen, gerechten Groll gegen seine Frau hineinzusteigern, die es gewagt hatte, bei ihm Schuldgefühle auszulösen.

(deutsch von Benjamin Schwarz)

Emile Zola

Wie kaum sonst ein Autor hat Emile Zola in **Das Geld** *die Vielfalt derjenigen Tätigkeiten und Lebensunterhaltungen eingefangen, die sich rund um die Börse entwickelt haben: Von der marketenderinhaften Aufkäuferin wertloser Aktien bis zum Übersetzer von Geschäftsbriefen, vom Büroangestellten bis zum Schmelztiegel betreibenden Arbitrage-Händler hat er Berufe und Professionen zu einem Bild der Börse um 1900 gruppiert. Dabei entsteht ein Netzwerk von Zuarbeitern und Randbereichen, dessen Komplexität dem modernen, elektronisch vernetzten Handel kaum nachstand*

Elf Uhr hatte es soeben an der Börse geschlagen, als Saccard bei Champeaux eintrat, in den weißgoldenen Saal, dessen hohe Fenster auf den Börsenplatz gehen.

Mit einem Blick musterte er die Reihe der kleinen Tische, an denen die geschäftigen Gäste dichtgedrängt saßen, Ellenbogen an Ellenbogen, und schien sich zu wundern, als er das gesuchte Gesicht nicht fand.

Einen Kellner, der im Gedränge des Servierens mit Schüsseln beladen vorüberging, fragte er: »Sagen Sie mal, ist der Herr Huret noch nicht da gewesen?«

«Nein, mein Herr, noch nicht.«

Da faßte Saccard seinen Entschluß und nahm in einer Fensternische Platz, an einem Tischchen, das gerade ein Gast verließ. Er glaubte zu spät gekommen zu sein und ließ, während man ein neues Tischtuch auflegte, seine Blicke hinausschweifen, nach den Vorübergehenden auf dem Gehweg zu spähen. Er bestellte noch nicht, als neu gedeckt war; seine Augen hafteten noch eine kurze Weile an dem Börsenplatz, der sehr fröhlich aussah in dem hellen, jungen Maitag. Zur jetzigen Frühstücksstunde war der Platz fast menschenleer; die Bänke unter den Kastanienbäumen mit ihrem zarten neuen Grün blieben unbesetzt; längs des Gitters an der Haltestelle dehnte sich die lange Reihe von Droschken von einem Ende zum andern, und der Omnibus zur Bastille hielt an der Ecke des Gartens, ohne Fahrgäste aufzunehmen oder abzusetzen. Die Sonne fiel senkrecht und überflutete das Gebäude mit der Säulenhalle, den hohen Statuen und der mächtigen Freitreppe. Oben stand vorerst nur das Heer der Stühle in Reih und Glied da.

Saccard schaute jetzt um sich, erkannte an einem der Nebentische den Wechselmakler Mazaud und reichte ihm die Hand hin:

»So? Sind Sie's? Guten Morgen!«

»Guten Morgen!« erwiderte Mazaud und gab ihm zerstreut einen Händedruck.

Der kleine, braune, überaus bewegliche Mazaud – ein ganz hübscher Mann – hatte kürzlich mit zweiunddreißig Jahren seines Onkels Makleramt geerbt. Er schien sich heute dem gegenübersitzenden Gaste gänzlich zu widmen, einem kleinen Herrn mit glattem rotem Gesicht, dem berühmten Amadieu, den die Börse seit seinem Coup mit den Bergwerken von Selsis hoch verehrte. Als die Aktien nämlich auf fünfzehn Franken gefallen waren und man jeden Käufer für verrückt hielt, hatte er seine ganze Habe, zweimal hunderttausend Franken da hineingesteckt, aufs Geratewohl, ohne Berechnung und ohne Witterung, mit dem bornierten Starrsinn eines geistlosen Spielers. Heute hatte die Entdeckung bedeutender wirklicher Metalladern die Aktien über den Kurs von tausend Franken hinausgeschnellt, so daß er etwa fünfzehn Millionen verdiente, womit seine törichte Operation, die ihn ehemals fürs Narrenhaus bestimmte, ihn jetzt zur Höhe der gewaltigsten Finanzgenies emporhob. Überall wurde der Mann demütig um Rat gefragt. Übrigens erteilte er keine Ordern mehr, gleichsam befriedigt und in seinem einzigen märchenhaften Geniestreich thronend. Mazaud bemühte sich wohl um seine Kundschaft. … Saccard ließ sein Kotelett kalt werden, in Gedanken versunken und ohne Hunger. Er blickte auf, als er einen Schatten über den Tisch huschen sah. Massias war es, ein dicker Mann mit rötlichem Gesicht, ein Kommissionär, den er als armen Teufel gekannt hatte und der nun zwischen den Tischen schlüpfte, seine Notierung in der Hand. Es verletzte ihn tief, daß dieser Mensch, ohne stehenzubleiben, an ihm vorbeiging, um Pillerault und Moser den Kurszettel vorzulegen. Zerstreut und in einer Erörterung begriffen, warfen diese kaum einen Blick darauf. Nein, sie hätten heute keine Order, vielleicht ein andermal. Massias traute sich nicht an den berühmten Amadieu heran, der über einen Hummersalat gebeugt saß und mit Mazaud sich leise unterhielt; er ging auf Salmon zu, der die Notierung in die Hand nahm, lange studierte und wortlos zurückgab.

Im Saale stieg die Erregung; jeden Augenblick traten andre Kommissionäre ein, daß die Türen klappten. Laute Worte wurden aus der Entfernung gewechselt; die leidenschaftliche Flut der Geschäfte stieg und wuchs empor, je weiter die Stunde vorrückte. Saccard aber, dessen Blicke immer wieder nach außen schweiften, sah jetzt, wie auch der Börsenplatz sich allmählich füllte, wie Wagen und Fußgänger herbeiströmten, während auf den sonnenbestrahlten Stufen der Börse einzelne Männer wie schwarze Flecken sichtbar wurden. ... Das Tellergeklapper und Gläsergeklirr war lauter geworden, die Stimmen wurden heiser, die Türflügel klappten lauter bei der Hast, die nunmehr alle antrieb, bei dem Spiele zu sein, wenn der Krach mit dem Suez losging. Und durch das Fenster sah man inmitten des von Droschken durchfurchten, von Fußgängern gefüllten Börsenplatzes die sonnenbeschienenen Stufen der Börse wie mit Mücken bedeckt, da jetzt der Schwarm menschlicher Insekten fort und fort stieg, die Flut tadellos schwarzgekleideter Männer, die nach und nach die Kolonnade füllten. Zugleich tauchten hinter den Gittern einige Frauenzimmer auf, die unter den Bäumen umherschlenderten. ...

Auf Freitreppe und Säulengang wimmelte es jetzt schwarz von Gehröcken, und aus der Kulisse, die unter der Uhr bereits in voller Tätigkeit war, stieg das Getöse von Angebot und Nachfrage auf, jenes dumpfe Rauschen der Börsenflut, von dem das Dröhnen der Großstadt siegreich übertönt wird. Vorübergehende schauten herüber, in begehrlicher Furcht vor dem, was hier vorhing, vor dem Geheimwesen der Finanzoperationen, in das selten ein französischer Geist eindringt, vor jenen unerklärlichen, unter wilden Gebären und Rufen plötzlich aufgebauten und zusammenkrachenden Reichtümern. Saccard, an der Gosse stehend, betäubt von den fernen Stimmen, vom hastenden Gewühl beiseitegeschoben, träumte wiederum von dem Königtum des Geldes in diesem fiebernden Stadtviertel, in dessen Mitte von ein bis drei Uhr der Herzschlag der Börse gewaltig pulsiert. ... Saccard wollte vorbeigehen, als er etwas abseits einen dicken Mann sah, der in der Sonne einen Rubin besichtigte, indem er ihn zärtlich zwischen seinen großen, schmutzigen Händen ans Tageslicht hielt. »Ei, Busch! ... Da fällt mir ein, daß ich zu Ihnen herauf wollte.«

»Ah, Herr Saccard! Sie kommen ein wenig hier vorbei?«

»Ja, es ist wegen eines russischen Briefes von einem russischen Bankier in Konstantinopel. Da habe ich an Ihren Bruder gedacht wegen der Übersetzung.«

Busch, der immer noch mit unbewußter Zärtlichkeit den Rubin in seiner Rechten hin und her rollte, streckte die Linke vor und sagte, es solle noch am gleichen Abend die Übersetzung ihm zugehen. Aber Saccard erklärte, es handle sich bloß um ein paar Zeilen.

»Ich gehe selbst hinauf. Ihr Bruder wird mir das gleich vorlesen.«

Da wurde er durch die Ankunft einer ungeheuer dicken Frau unterbrochen, der bei den Stammgästen der Börse wohlbekannten Frau Méchain, einer von jenen hartnäckigen armseligen Spielerinnen, deren fette Hände in allerhand verdächtigen Geschäften herumwühlen. Ihr rotes Vollmondgesicht mit den gekniffenen blauen Augen, in welchem das kleine Näschen verschwand, mit dem kleinen Mund, aus welchem ein dünnes Fistelstimmchen ertönte, schien aus dem alten, malvenfarbigen Hut, der mit knallroten Bändern auf der Seite gebunden war, hervorzuquellen; ihre riesige Brust und ihr wassersüchtiger Bauch spannten das kotzerfressene, gelblich schimmernde Grünpopelinekleid bis zum Bersten. Im Arm hielt sie eine ungeheuer große, reisesackähnliche, altmodische Schwarzledertasche, die sie niemals losließ. An jenem Tag war die Tasche hochgeschwollen und bis zum Platzen gefüllt, so daß ihr Gewicht die Méchain nach rechts herunterzog wie einen schiefgewachsenen Baum.

»Kommen Sie jetzt erst?« rief Busch, der wohl auf sie wartete.

»Ja, und ich habe die Papiere aus Vendôme erhalten; ich bringe sie gleich mit!«

»Gut, fort! Zu mir! ... Heute ist hier nichts zu holen.«

Saccard hatte einen flackernden Blick auf die geräumige Ledertasche geworfen. Er wußte, daß die entwerteten Papiere unausbleiblich dahinein gerieten, die Aktien bankrotter Gesellschaften, mit denen die »Feuchten Füße« immer noch zu spekulieren pflegen, Aktien zu fünfhundert Franken, um welche diese sich für zwanzig Sous, für zehn Sous streiten, in der unbestimmten Hoffnung auf ein unwahrscheinliches Steigen dieser Papiere, oder als eine praktische Gaunerware, die man mit Gewinn an Bankrotteure abgibt, die ihre Passiva zu verdecken wünschen. In den mörderischen Schlachten der Finanz war die Méchain der Rabe hinter den marschierenden Heerscharen. Keine Gesellschaft, kein großes Bankhaus ging aus dem Leim, ohne daß sie mit ihrer Tasche auftauchte; in Erwartung der Leichname schnüffelte sie in der Luft umher, selbst an den glücklichen Tagen erfolgreicher Emissionen. Denn sie wußte schon, daß der Krach unausbleiblich war, daß der Tag des Gemetzels kommen würde, an dem es in Kot und Blut Tote auszurauben, Werte umsonst aufzulesen gibt. Und Saccard, der sein großes Projekt einer Bankgründung im Kopfe wälzte, bekam einen leichten Schauer; es wandelte ihn eine Vorahnung an beim Anblick dieser Tasche, dieses Schindangers der entwerteten Papiere, der alles zur Börse hinausgefegte schmutzige Papier in sich aufnahm.

Als Busch die alte Frau mitnehmen wollte, hielt ihn Saccard zurück.

»Ich kann also hinauf? Ich treffe Ihren Bruder sicher?«

Die Augen des Juden blickten sanfter und drückten eine sorgenvolle Überraschung aus. »Mein Bruder? Ja, gewiß! Wo sollte er denn sonst sein?«

»Ganz recht! … Bis nachher!«

Saccard ließ beide weiterlaufen und setzte seinen Weg nach der Rue Notre-Dame-des-Victoires langsam längs der Bäume fort.

Diese Seite des Börsenplatzes ist eine der begangensten, mit Geschäftshäusern und Pariser Hausindustrien dicht besetzt, deren vergoldete Firmenschilder in der Sonne flammen. An den Altanen klapperten die Jalousien, und die ganze Familie Provinzbewohner schaute mit offenem Munde zum Fenster eines Hôtel garni heraus. Unwillkürlich hatte er empor zu diesen Leuten geblickt, über deren Verblüfftheit er lächeln mußte; dieser Anblick stärkte ihn durch den Gedanken, daß es draußen in den Departements immer noch Aktionäre geben würde. Hinter seinem Rücken tobte der Börsenlärm weiter, wie das immerwährende Rauschen der fernen Meeresflut, und es verfolgte ihn wie eine stete Drohung, ihn zu verschlingen. …

Der von Sigismund übersetzte Brief des russischen Bankiers in Konstantinopel war der günstige Bescheid gewesen, auf welchen Saccard gewartet hatte, ehe er die Angelegenheit in Paris in Gang setzte.

Zwei Tage später kam ihm beim Erwachen die plötzliche Eingebung, es müsse heute noch gehandelt werden, noch vor der Nacht müsse das Konsortium gebildet sein, bei dem er die fünfzigtausend Aktien zu fünfhundert Franken seiner mit einem Kapital von fünfundzwanzig Millionen zu gründenden Aktiengesellschaft zum voraus unterbringen wollte.

Als er aus dem Bette sprang, hatte er endlich den Namen für diese Gesellschaft, das lange gesuchte Aushängeschild gefunden. Die Worte »Banque Universelle« standen in dem noch dunkeln Gemach plötzlich in Flammenzügen vor ihm.

»Banque Universelle!« wiederholte er immerfort beim Ankleiden, »Banque Universelle, das ist einfach und großartig! Das umklammert alles, das bedeckt die Welt... Ja, ja, vortrefflich... Banque Universelle.«

... Draußen auf dem Bürgersteig überraschte ihn der scharfe Wind, der ihm entgegenblies: eine plötzliche Rückkehr des Winters mitten in diesem gestern noch so milden Mai. Trotzdem regnete es nicht; große gelbe Wolken stiegen am Horizont auf. Er nahm, um sich durch Laufen zu erwärmen, keine Droschke und wollte sich zuerst zu Fuß zu Mazaud, dem Wechselmakler in der Rue de la Banque, begeben, denn es war ihm der Gedanke gekommen, diesen über Daigremont, jenen wohlbekannten Spekulanten und glücklichen Teilnehmer an allen Konsortien, auszuforschen. In der Rue Vivienne aber kam von dem mit bläulichen Wolken überzogenen Himmel ein derartiger, mit Hagel untermischter Regenschauer heruntergeplatzt, daß Saccard sich unter einen Torweg flüchten mußte.

Etwa eine Minute stand er da und schaute in den Platzregen hinein, als ein helles Klingen von Goldstücken das Rauschen des Wassers dermaßen übertönte, daß er aufhorchend das Ohr spitzte. Es schien aus dem Schoß der Erde hervorzudringen, eine anhaltende gedämpfte Musik, wie in einem Märchen aus Tausendundeiner Nacht. Er schaute um sich und erkannte, daß er sich unter dem Tor des Hauses Kolb befand. Kolb war ein Bankier, der sich hauptsächlich mit Goldarbitrage abgab und das gemünzte Gold in den Staaten aufkaufte, wo der Kurs niedrig war, um es einzuschmelzen und die Goldbarren anderweitig zu veräußern, in den Ländern, wo der Goldkurs höher stand. Vom Morgen bis zum Abend klang an den Schmelztagen aus dem Kellergeschoß dieses kristallhelle Klirren der Goldstücke herauf, die schaufelweise aus Kisten geschöpft und in den

Schmelztiegel geworfen wurden. Den Vorübergehenden klingen die Ohren jahraus jahrein davon. Wohlgefällig lächelte Saccard bei dieser Musik, welche gleichsam die unterirdische Stimme dieses Börsenviertels war. Hierin erblickte er eine glückliche Vorbedeutung.

Der Regen hatte mittlerweile aufgehört. Er schritt über den Börsenplatz und befand sich sogleich bei Mazaud. Ausnahmsweise hatte dieser junge Wechselmakler seine Privatwohnung im gleichen Hause, dessen ganzen zweiten Stock die Geschäftsräume einnahmen. Er hatte einfach die Beletage seines Oheims übernommen, als der beim Tode desselben mit den Miterben sich verständigt und das Amt käuflich erworben hatte.

Es schlug zehn Uhr, als Saccard geradeswegs zu den Geschäftsraumen hinaufstieg. Vor der Tür traf er Gustave Sédille.

»Ist Herr Mazaud hier?« fragte er.

»Ich weiß nicht, mein Herr, ich komme soeben erst.«

Der junge Mann lächelte; er kam immer zu spät und nahm seine unbezahlte Stelle leicht. Er hatte sich darein gefügt, ein oder zwei Jahre als Volontär hier zu verbringen, aber nur seinem Vater zulieb, dem Seidenfabrikanten der Rue des Jeûneurs.

Saccard durchschritt das Kassenzimmer, begrüßt vom Barkassierer und vom Effektenkassierer am andern Schalter, trat hierauf in das Zimmer der beiden Prokuristen, traf aber nur Berthier an, denjenigen, welchem der persönliche Verkehr mit den Kunden oblag und der den Prinzipal zur Börse begleiten mußte.

»Ist Herr Mazaud hier?«

»Ich denke wohl, ich komme soeben aus seinem Arbeitszimmer... Ach nein, er ist nicht mehr da... Dann ist er wohl in der Abteilung für Kassageschäfte.«

Er stieß die Tür zum Nebenzimmer auf und hielt in dem ziemlich weiten Raum, in welchem fünf Gehilfen unter der Aufsicht eines Abteilungsvorstands arbeiteten, nach allen Seiten Umschau.

»Nein! Das ist merkwürdig... Sehen Sie doch selbst nebenan in der Abrechnungsstelle für Zeitgeschäfte nach.«

Saccard trat ins Abrechnungsbüro. Hier pflegte der Vorstand, der sogenannte Liquidator, der eigentliche Grundpfeiler der Firma, mit sieben Gehilfen das ihm täglich nach der Börse vom Chef eingehändigte Notizbuch auszuziehen und die in Gemäßheit der abgelaufenen Ordern abgeschlossenen Geschäfte den einzelnen Kunden zu überschreiben, wobei er aus den empfangenen Ausführungszetteln die Namen ersah. Das Börsenbuch enthält nämlich keine Namen, sondern nur die kurze Angabe des geschehenen An- oder Verkaufs, mit Bezeichnungen des Papiers, der Stückzahl, des Kurses und des Maklers.

»Haben Sie Herrn Mazaud gesehen?« fragte Saccard hier wieder.

Er erhielt nicht einmal Antwort. Der Abteilungsvorstand war nicht anwesend, drei der Angestellten lasen die Zeitung, zwei andre schauten in die Luft, währen das Eintreten von Gustave Sédille die gesamte Aufmerksamkeit des kleinen Flory in Anspruch nahm, der morgens im Büro schriftliche Arbeiten und nachmittags in der Börse die Telegramme besorgte. Gebürtig aus Saintes, Sohn eines Beamten beim Beglaubigungsamt, war Flory bei einem Bankier in Bordeaux angestellt worden, bis er gegen Ende des vorigen Herbstes zu Mazaud gekommen war, wo ihm keine andre Aussicht blühte, als vielleicht binnen zehn Jahren seinen Gehalt zu verdoppeln. Bis dahin hatte er sich wohl aufgeführt, war er pünktlich und gewissenhaft gewesen. Erst seit Gustaves Eintritt ins Amt, seit etwa einem Monat, wurde er unregelmäßig und ließ sich von dem sehr eleganten, sehr weltkundigen und mit Geld wohlversehenen neuen Genossen fortreißen, der ihm auch für Damenbekanntschaft gesorgt hatte. In Florys bärtigem Gesicht verbarg sich eine lüsterne Nase mit einem lächelnden Mund und verliebten Augen. Er hatte sich erst zu bescheidenen und wenig kostspieligen Ausflügen mit Fräulein Chüchü verstiegen, derzeit Figurantin am Théâtre des Variétés; sie sah ganz spaßig aus, diese magere Heuschrecke vom Pariser Pflaster, diese durchgegangene Hausmeisterstochter aus dem Montmartre, mit ihrem fahlen Milchsuppengesicht, aus welchem zwei wunderschöne große Braunaugen hervorblitzten.

Noch ehe Gustave den Hut abgenommen, erzählte er Flory vom gestrigen Abend.

»Ja, mein Lieber, ich meinte schon, Germaine würde mich hinauswerfen, weil Jacoby kam. Im Gegenteil: sie hat es fertig gekriegt, ihn vor die Türe zu setzen. Wie, ist mir freilich unklar. So bin ich dageblieben!«

Beide jungen Leute erstickten fast vor Lachen. Es handelte sich um Germaine Cœur, ein Prachtmädel von fünfundzwanzig Jahren, nur etwas schlaff und träge. Jacoby, ein Kollege Mazauds, unterhielt sie auf den Monat. Sie war von jeher mit Börsenmännern in Verbindung und immer auf den Monat, das Bequemste für sehr beschäftigte Männer, deren Kopf mit Zahlen belastet ist und welche über die Liebe wie über alles andre Abrechnung halten, ohne für eine wahre Leidenschaft Zeit zu finden. Eine einzige Sorge beunruhigte Germaine in ihrer kleinen Wohnung der Rue de la Michodière, wie sie nämlich das Zusammentreffen von Herrn vermeiden könnte, die allenfalls einander kannten.

(deutsch von Leopold Rosenzweig)

Gustav Freytag

In seinem Roman **Soll und Haben** *erzählt Gustav Freytag den Niedergang einer Gutsbesitzerfamilie – und er skizziert damit jene generellen Umwälzungen, mit denen in der ersten Hälfte des 19. Jahrhunderts der Geldhandel die Bedeutung des Landbesitzes ablöste: Der Baron Rothsattel erhält eine lange ersehnte Ordensdekoration, aber seine skeptischen Vorahnungen hinsichtlich des über Generationen hinweg bewirtschafteten Bodens lassen ihn auf anderes sinnen: Er plant eine Fabrik zu errichten, und da seine Ländereien längst hoffnungslos mit Hypotheken belegt sind, faßt er die Gründung einer Aktiengesellschaft ins Auge. – Wird ihm dies wirklich die Sorgen um seinen Besitz abnehmen?*

»Welche Freude!« rief die Baronin und umschlang den Hals ihres Mannes, »ich habe deiner Toilette den Stern schon seit Jahren gewünscht.« Lenore öffnete unterdes das Etui und drehte den Orden beim Licht der Kerze hin und her. »Wir machen ihm die Dekoration um.« Die Baronin hing ihm das Kreuz um den Hals und küßte loyal erst ihn und dann das Kreuz.

»Nun, wir wissen ja«, sagte der Baron, »was in unsrer Zeit von solchem Schmuck zu halten ist. Doch gestehe ich, daß gerade diese Standesdekoration mir die liebste von allen ist. Unsre Familie ist eine der ältesten, und in unsrer Linie sind, was freilich ein Zufall ist, niemals Mißheiraten vorgekommen. Dies Kreuz ist gegenwärtig so ziemlich die letzte Erinnerung an die alte Zeit, wo man auf dergleichen noch großen Wert legte. Jetzt tritt eine andere Macht an die Stelle unsrer Privilegien, das Geld. Und auch wir sind in der Lage, uns darum bemühen zu müssen, wenn wir unsre Familie in Ansehen erhalten wollen. In dem Brief des Prinzen ist das Alter der Familie erwähnt und der Wunsch ausgesprochen, daß sie noch viele Generationen, wie bisher, in musterhafter Gentilität, so sind die Worte des Briefes, blühen möge. Du, Lenore, und dein Bruder, ihr habt dafür zu sorgen.«

»Ich lebe in musterhafter Gentilität«, antwortete Lenore die Arme übereinanderschlagend. »Und für die Ehre der Familie kann ich nichts tun. Wenn ich heirate, wozu ich gar keine Lust habe, so muß ich doch einen andern Namen annehmen, und es wird dem alten Ahn in der Rüstung, der oben im Erkerzimmer hängt, ziemlich gleich sein, wenich zu meinem Herrn mache. Eine Rothsattel kann ich doch nicht bleiben.«

Der Vater lachte und zog die Tochter an sich. »Wenn ich nur wüßte, woher mein Kind diese Ketzereien hat.«

»Sie ist allmählich so geworden«, sagte die Mutter.

»Das wird sich geben«, antwortete der Vater und küßte die Tochter herzlich auf die Stirn. «Hier lies den Brief des Prinzen, ich sehe nach dem Pferde, dann essen wir zusammen im Freien.« …

Das Ordenszeichen, eine niedliche Erinnerung an einen gewaltigen Bund geistlicher Ritter, welche Länder erobert, ganze Völker ausgerottet und ein eigenes Reich gegründet hatten, warf in die Seele des Freiherrn ein helles Licht, so gleichgültig er sich auch dagegen stellte. Die Glückwünsche seiner zahlreichen Bekannten taten ihm wohl, und seine Selbstachtung erhielt dadurch eine geheime Stütze, deren sie manchmal bedurfte. So fand ihn nach Verlauf einer Woche auch Ehrenthal, der Händler, als er auf seinem Wege nach einem nah gelegenen Dorfe anhielt, nur um dem Freiherrn zu gratulieren. Er hatte bereits seine Abschiedsverbeugung gemacht, als er noch einmal anhielt und die Worte hinwarf: »Der gnädige Herr hatten früher die Idee, eine Zuckerfabrik aus Rüben anzulegen. Ich höre, es ist jetzt im Werk, eine Kompagnie zu bilden, welche eine solche Fabrik ganz in Ihrer Nähe bauen will, ich bin aufgefordert worden, an dem Geschäft teilzunehmen, und wollte doch erst fragen, wie der Herr Baron es noch gedenken zu halten in dieser Sache.«

Dem Freiherrn war die Nachricht sehr unangenehm. Seit Jahren hatte er sich mit dem Gedanken getragen, eine gleiche Fabrik auf seinem Grund und Boden zu errichten, er hatte eine Anzahl ähnlicher Unternehmungen besucht, hatte sich Anschläge machen lassen, mit Technikern verhandelt, ja er hatte schon den Platz bezeichnet, auf dem das Etablissement am wenigsten unschön gewesen wäre. Er hatte diesen Plan eine Zeit lang mit großem Eifer verfolgt, allmählich war er ihm weniger lockend erschienen. Die Scheu eines vorsichtigen Mannes vor der neuen und noch unsichern Industrie, die Klagen einiger Bekannten über die Menge der Kosten und vor allem über die Unruhe und vielen Inkonvenienzen, die ein solches Unternehmen in das Leben eines Gutsbesitzers und die Verwaltung seines Gutes bringe, das alles hatte ihn bewogen, das Projekt liegenzulassen und für die nächsten Jahre eine ruhige Anlage seines Kapitals mit allerdings mäßigem Zinsgenuß vorzuziehen. Jetzt sollte eine Anlage, wie er sich doch für die Zukunft vorbehalten hatte, von andern ausgeführt werden; es war klar, daß sein eigenes Projekt dadurch zerstört wurde. Denn zwei gleiche Fabriken in unmittelbarer Nähe mußten sich zuverlässig hindern. Geärgert rief er: »Gerade jetzt, wo ich mir auf einige Jahre die Disposition über die Kapitalien genommen habe.«

»Herr Baron«, sagte der Händler mit Herzlichkeit, »Sie sind ein reicher Mann und angesehen in der Gegend. Wenn Sie erklären, daß Sie selbst anlegen wollen diese Fabrik, so geht der Aktienverein auseinander an demselben Tage.«

»Sie wissen, daß ich das jetzt nicht kann«, erwiderte der Freiherr unwillig.

»Wenn sie wollen, gnädiger Herr, so können Sie auch«, entgegnete der Händler mit ehrerbietigem Lächeln. »Ich bin nicht der Mann, der Ihnen zuredet zu einer solchen Fabrik. Was heben Sie nötig, Geld zu verdienen? Wenn Sie aber jetzt zu mir sagen, Ehrenthal, ich will anlegen eine Fabrik, so steht Ihnen Kapital zu Gebot, soviel Sie haben wollen. Ich selbst habe eine Summe von sieben-, von zehntausend Talern vorrätig, Sie können diese erhalten jeden Tag. – Und ich will Ihnen einen Vorschlag tun. Ich schaffe Ihnen das Geld, welches Sie brauchen, zu billigen Zinsen. Für die Summe, die ich selbst Ihnen gebe, lassen Sie mir einen Anteil am Geschäft bis zu dem Tage, wo Sie mir zurückzahlen mein Geld. Für das übrige Geld, das Sie brauchen, bestellen Sie Hypothek auf Ihr Gut, bis Sie zurückzahlen in einigen Jahren die ganze Anleihe.«

Der Vorschlag erschien uneigennützig, ja freundschaftlich, aber der Freiherr fühlte zu lebhaft die große Veränderung, welche ein solches Geschäft in seinem ganzen Leben hervorbringen werde, er sah mit banger Sorge und einem Mißtrauen sowohl gegen sich selbst, als gegen Ehrenthal in eine Zukunft von Verwickelungen. Er verhielt sich deshalb sehr kühl gegen Ehrenthals Antrag. »Ich danke Ihnen für das Zutrauen«, sagte er, »aber ich will nicht mit fremdem Gelde einrichten, was doch nur aus den Überschüssen der eigenen Einnahme mit Segen erbaut wird.«

Ehrenthal mußte sich mit diesem Bescheide entfernen und sagte nur noch an der Tür: »Der gnädige Herr können sich ja die Sache überlegen, ich getraue mir durch vier Wochen das Aktiengeschäft aufzuhalten, damit in dieser Zeit nichts weiter geschieht.«

Nur wer einmal in seinem Leben eine gefeierte Sängerin gewesen ist, kann sich eine Vorstellung von der Fülle unbekannter kleiner Briefe, Pakete und Sendungen machen, welche der Freiherr in den nächsten vier Wochen aus der Stadt empfing. Zuerst schrieb Ehrenthal: »Ich habe die Aktionäre vier Wochen aufgehalten«, dann schrieb Herr Karfunkelstein, ein Aktionär: »Ich höre, daß Sie wollen anlegen eine Fabrik, in diesem Fall stehe ich Ihnen nach.« Dann schrieb wieder Herr Ehrenthal: »Hier ist eine Jahresberechnung einer ähnlichen Fabrik, woraus man kann sehen, was zu gewinnen wäre.« Dann schrieb wieder ein Herr Wolfsdorf: »Es verlautet, daß der Herr umgehe mit einer Fabrik; ich habe Kapitalien auszuleihen gegen mäßigen Zinsfuß und würde glücklich sein, wenn ich eine Hypothek erhielte oder am liebsten einen Anteil am Geschäft.« Zuletzt schrieb gar ein undeutlicher Herr Itzigveit: »Der Herr Baron soll das Geschäft nicht machen mit Ehrenthal, wie man in der Stadt erzählt, Ehrenthal ist ein reicher, aber ein interessierter Mann, er soll ihn wenigstens nicht annehmen zum Kompagnon; ich der Briefschreiber will ihm viel bessere Kapitalien verschaffen und ganz andere Teilnehmer«, worauf Herr Ehrenthal wieder genötigt war zu schreiben: »Es werden Intrigen gespielt von meinen Gegnern in der Stadt, um dem gnädigen Herrn anderes Geld zu seinem schönen Unternehmen zu verschaffen; Sie können tun nach Gefallen, ich bin ein ehrlicher Mann und dränge mich nicht vor.«

Der Freiherr war erstaunt zu sehen, wie leicht und massenhaft seinem Namen die Kapitalien zurollten, und daß ganz unbekannte Menschen bereit waren, das Unternehmen auf seinem Grund und Boden für ein unfehlbares, glänzendes, beneidenswertes zu halten. Er hatte in seinen Spekulationen bis jetzt entschiedenes Glück gehabt, er hatte die Abneigung vor Geldgeschäften ziemlich vollständig überwunden, ja er hatte sich gewöhnt, einen gewissen Anspruch an die Kapitalien anderer zu machen. Jetzt wurde er allmählich mit dem Gedanken vertraut, das Geld zur Anlage seiner Fabrik von Fremden zu nehmen. Nur eines widerstand seinem Stolz, den zuvorkommenden Ehrenthal als Teilnehmer anzunehmen; so weit wirkte der Brief des undeutlichen Schreibers. Und er beschloß, im Fall das Unternehmen zustande kommen sollte, dem Händler für sein geliehenes Geld festen Zinsfuß zu gewähren. Vier Wochen kämpfte der Freiherr mit innerer Unentschlossenheit, oft war seine Stirn umwölkt, oft sah die Baronin wieder mit stillem Schmerz die Aufregung ihres Gemahls, oft fuhr dieser nach der Stadt oder auf die Güter seiner Bekannten, um ähnliche Anlagen zu besichtigen und sich die möglichen Vorteile aus verschiedenen Anschlägen herauszunehmen. Über die projektierte Aktiengesellschaft konnte er nichts Sicheres erfahren. Die weniger günstigen Nachrichten, welche er über die Erfolge einzelner Fabrikanten einsammelte, schrieb er auf Rechnung einer natürlichen Furcht vor seiner Konkurrenz oder auf die unvorteilhafte Anlage ihres Geschäftes.

Vier Wochen waren vergangen, und ein neuer Brief von Ehrenthal erschien, worin der Baron dringend gebeten wurde, seinen Entschluß mitzuteilen, weil einzelne von den Aktionären gar nicht mehr zu halten wären.

Es war der Abend eines heißen Tages, als der Freiherr unruhig aus dem Wirtschaftshof ins Freie trat. Tief unten am Himmel glänzte ein gelbes blendendes Licht hinter schwarzem Dunst hervor, dicht zusammengeballt hingen die Wolken über seinem Scheitel, wie dunkle Felsen der Luft mit eisigen Gipfeln. Rings um den Herrn des Guts war Schwüle, Mutlosigkeit und bange Ahnung. Im Getreide schwirrten die Grillen lauter als sonst, unaufhörlich tönte ihr warnender Ruf in das Ohr des Herrn.

Heinrich Heine

Endlich einmal ist auch die – literarisch sonst beinahe verschmähte – Londoner Börse ins Auge gefaßt: Heinrich Heine, sonst in Frankfut am Main und an der Seine zuhause, nachdem ihn sein Onkel, der Hamburger Bankier, enterbt hatte – Heine schlägt in seinen **Reisebilder** *genannten Berichten einen großen Bogen: Vom kleinen Täfelchen im Börsenraum leitet er uns über zum großen Gedanken der Völkerverständigung. In seinen tagebuchartigen Aufzeichnungen* **Französische Zustände** *gibt er danach ein vielfach reflektiertes Bild von der Pariser Börse*

Unter den Bogengängen der Londoner Börse hat jede Nation ihren angewiesenen Platz, und auf hochgesteckten Täfelchen liest man die Namen: Russen, Spanier, Schweden, Deutsche, Malteser, Juden, Hanseaten, Türken usw. Vormals stand jeder Kaufmann unter dem Täfelchen, worauf der Name seiner Nation geschrieben. Jetzt aber würde man ihn vergebens dort suchen; die Menschen sind fortgerückt, wo einst Spanier standen, stehen jetzt Holländer, die Hanseaten traten an die Stelle der Juden, wo man Türken sucht, findet man jetzt Russen, die Italiener stehen, wo einst die Franzosen gestanden, sogar die Deutschen sind weiter gekommen.

Wie auf der Londoner Börse, so auch in der übrigen Welt sind die alten Täfelchen stehen geblieben, während die Menschen darunter weggeschoben worden und andere an ihre Stelle gekommen sind, deren neue Köpfe sehr schlecht passen zu der alten Aufschrift. Die alten stereotypen Charakteristiken der Völker, wie wir solche in gelehrten Kompendien und Bierschenken finden, können uns nichts mehr nutzen und nur zu trostlosen Irrtümen verleiten.

Französische Zustände, 27.03.1832

Ich ärgere mich jedesmal, wenn ich die Börse betrete, das schöne Marmorhaus, erbaut im edelsten griechischen Stile, und geweiht dem nichtswürdigen Geschäfte, dem Staatspapierenschacher. Es ist das schönste Gebäude von Paris; Napoleon hat es bauen lassen. In demselben Stile ließ er einen Tempel des Ruhms bauen. Ach, der Tempel des Ruhms ist nicht fertig geworden; die Bourbonen verwandelten ihn in eine Kirche, und weihten diese der reuigen Magdalene; aber die Börse steht fertig in ihrem vollendetsten Glanze und ihrem Einflusse ist es wohl zuzuschreiben, daß ihre edlere Nebenbuhlerin, der Tempel des Ruhms, noch immer unvollendet und noch immer, in schmählichster Verhöhnung, der reuigen Magdalene geweiht bleibt. Hier, in dem ungeheueren Raume der hochgewölbten Börsenhalle, hier ist es, wo der Staatspapierschacher, mit allen seinen grellen Gestalten und Mißtönen, wogend und brausend sich bewegt, wie ein Meer des Eigennutzes, wo aus den wüsten Menschenwellen die großen Bankiers gleich Haifischen hervorschnappen, wo ein Ungetüm das andere verschlingt, und wo oben auf der Galerie, gleich lauernden Raubvögeln auf einer Meerklippe, sogar spekulierende Damen bemerkbar sind. Hier ist es jedoch, wo die Interessen wohnen, die in dieser Zeit über Krieg und Frieden entscheiden.

Daher ist die Börse auch für uns Publizisten so wichtig. Es ist aber nicht leicht, die Natur jener Interessen, nach jedem einwirkenden Ereignisse, genau zu begreifen, und die Folgen danach würdigen zu können. Der Kurs der Staatspapiere und des Diskontos ist freilich ein politischer Thermometer, aber man würde sich irren, wenn man glaubte, dieser Thermomter zeige den Siegesgrad der einen oder der anderen großen Fragen, die jetzt die Menschheit bewegen. Das Steigen und Fallen der Kurse beweist nicht das Steigen oder Fallen der liberalen oder servilen Partei, sondern die größere und geringere Hoffnung, die man hegte für die Pazifikation Europas, für die Erhaltung des Bestehenden, oder vielmehr für die Sicherung der Verhältnisse, wovon die Auszahlung der Staatsschuldzinsen abhängt.

In dieser beschränkten Auffassung, bei allen möglichen Vorkommenheiten, sind die Börsenspekulanten bewunderungswürdig. Ungestört von allen geistigen Aufregungen haben sie ihren Sinn allein auf alles Faktische gewendet, und fast mit tierischem Gefühl, wie Wetterfrösche, erkennen sie, ob irgend ein Ereignis, das scheinbar beruhigend aussieht, nicht eine Quelle künftiger Stürme sein wird, oder ob ein großes Mißgeschick nicht am Ende dazu diene, die Ruhe zu konsolidieren. Bei dem Falle Warschaus frug man nicht: Wie viel Unheil wird für die Menschheit dadurch entstehen? sondern: Wird der Sieg des Kantschus die Unruhestifter, d.h. die Freunde der Freiheit, entmutigen? Durch die Bejahung dieser Frage stieg der Kurs. Erhielte man heute an der Börse plötzlich die telegrafische Nachricht, daß Hr. Talleyrand an eine Vergeltung nach dem Tode glaube, so würden die französischen Staatspapiere gleich um zehn Prozent fallen; denn man könnte fürchten, er werde sich mit Gott zu versöhnen suchen, und dem Ludwig Phillips und dem ganzen Justemilieu entsagen, und sie sakrifizieren, und die schöne Ruhe, deren wir jetzt genießen, aufs Spiel setzen. Weder sein noch Nichtsein, sondern Ruhe oder Unruhe, ist die große Frage der Börse. Danach richtet sich der Diskonto. In unruhiger Zeit ist das Geld ängstlich, zieht sich in die Kisten der Reichen, wie in eine Festung, zurück, hält sich eingezogen; der Diskonto steigt. In ruhiger Zeit wird das Geld wieder sorglos, bietet sich preis, zeigt sich öffentlich, ist sehr herablassend; der Diskonto ist niedrig. So ein alter Louisdor hat mehr Verstand als ein Mensch, und weiß am besten, ob es Krieg oder Frieden gibt. Vielleicht durch den guten Umgang mit Geld haben die Leute der Börse ebenfalls eine Art von politischem Instinkt bekommen, und während in der letzten Zeit die tiefsten Denker nur Krieg erwarteten, blieben sie ganz ruhig und glaubten an die Erhaltung des Friedens. Frug man denselben nach seinen Gründen, so ließ er sich, wie Sir John, keine Gründe abzwingen, sondern behauptete immer: Das ist meine Idee.

Fritz Müller-Partenkirchen

Im Jahr 1958 erzählt Fritz Müller-Partenkirchen die Geschichte einer humorigen »Lehrzeit« in einem Kolonialwarengroßhandel. Das knarzige Kontor befindet sich in der hoffnungslos veralteten Firma **Kramer & Friemann***, so auch der Roman-Titel, und alle darin Angestellten sind seltsame Käuze, die jahraus jahrein im gleichen Trott zwischen Inventuren und Kassabüchern hintraben. Da kommt eines Tages Turbulenz in die biedere Buchhaltungsabteilung: Der Ausbilder des jungen Kaufmanns-Lehrlings ist vom Börsenfieber gepackt und spekuliert in heller Begeisterung auf ein Papier mit dem klangvollen Namen »Neu-Südend«*

Schlenk war Hauptbuchhalter. Schlenk hatte den höchsten Kontorstuhl. Schlenk hatte ein Extrapult. Schlenk führte ein Buch, auf dem mit Goldschrift stand: »Geheimbuch.« Schlenk sprach mit ihm, dem Brotherrn, wie mit seinesgleichen. Schlenk führte mich in seine Wissenschaft ein mit: »Wo's nicht drin steckt, kann man's nicht reinklopfen, was Rassepferde sind, die laufen auf drei Beinen.« Schlenk war mein Gott und Vorbild im Debet und Credit. Das war im ersten Lehrjahr, wo er unnahbar auf dem hohen Drehstuhl saß. Im zweiten wurde er vertraulich. Wenn die andern fortgegangen waren, drehte er sich mit einem Ruck um neunzig Grad zu mir, dem letzten Lehrling: »In diesem Monat werden es dreitausend.« – »Jawohl, Herr Schlenk.« – »Was Jawohl? Weißt du denn, dreitausend Was?« – »Nein, Herr Schlenk.« – »Dreitausend Mark natürlich.« – »Jawohl, Herr Schlenk.« – »Was jawohl? Weißt du denn dreitausend Mark wozu?« – »Nein, Herr Schlenk.« – »Dreitausend Mark Erspartes, natürlich, wofür ich mir eine Neu-Südend kaufen werde.« – »Jawohl, Herr Schlenk.« – »Was Jawohl? Weißt du denn, was Neu-Südend ist?« – »Eine Bodengesellschaft, deren Aktien gegenwärtig 100 stehen.«

Herr Schlenk war baff: »Junge, Junge, woher – natürlich, die modernen Handelsschulen – Unverdautes – vollgestopft – frühreif – tut nicht gut, mein Junge.« – »Jawohl, Herr Schlenk.« – »Was Jawohl? Weißt du denn, warum's nicht gut tut?« – »Nein, Herr Schlenk.« – »Weil – weil du ein grüner Junge bist, mein Junge.« – »Herr Schlenk, ich bin im zweiten Lehrjahr und – « – »Grün ist nicht schlimm, mein Junge. Grau und dürr ist schlimmer. Ich wollt', ich wär wieder grün, mein Junge.« – »Jawohl, Herr Schlenk.« Damit vergrub er sich wieder ins Geheimbuch. Aber es ließ ihm keine Ruhe. Er tauchte wieder auf: »Dann hast du in deiner Schnellbleich-Handelsschule wohl auch schon gelernt, warum man sich Neu-Südend kauft, he?« – »Man kann mit solchen Bodenaktien sehr viel Geld verdienen. Oft über Nacht. Es soll Bodenaktien geben, die aufs Zehnfache ihres Wertes steigen.« – »Zehnfach!? Junge, weißt du, was das heißt?« – »Das würde bedeuten, daß Ihre dreitausend Mark plötzlich dreißigtausend Ma –« Er gab dem Kontorstuhl einen Ruck, daß es Herrn Schlenk um die restlichen zweihundertsiebzig Grad drehte, womit es ihn wider Willen wieder ins Geheimbuch warf, aus dem es dumpf und abgehackt zu murmeln anfing: »Dreißigtausend – verflucht – dreißigtausend – weiß Gott, ich schmeiß' den Federhalter hin – weiß Gott, ich mach mir's bequem – dreißigtausend – verflucht – verflucht –«

Am Ende des Monats, Neu-Südend standen 102, drehte er sich nach Geschäftsschluß wieder väterlich zu mir: »Ich hab' sie rin, mein Junge.« – »Jawohl, Herr Schlenk.« – »Was Jawohl? Weißt du denn, mein Junge, was ich rin –?« – »Dreißigtausend Mark. Nominal Neu-Südend-Aktien zu 102 plus 4 Prozent Stückzinsen ab 1. April ergeben einen Einstandswert von –« – »Junge, Junge, und du meinst also, daß sie steigen werden?« – »Jawohl, Herr Schlenk.« – »Was Jawohl? Woher solltest du denn wissen, ob –?« – »Ei, Herr Schlenk, SIE werden doch nicht ein Papier kaufen, woran Sie verlieren.« – »Stimmt, mein Junge, da gehörte ich verhauen – schade übrigens, daß ich's nicht zu 100 – denk' mal, wenn ich einen Tag gewartet und sie morgen doch zu 100 – verflucht – verflucht –« – »Ei, Herr Schlenk, dann werden Sie eben beim Verkauf die Grenze auch um zwei Prozent höher legen müssen, um es wieder reinzubringen.« – »Junge, Junge, wenn das nur guttut.« – »Jawohl, Herr Schlenk.« – «Was Jawohl? Ich meine doch das Spekulieren.« – »Ich auch, Herr Schlenk.« Neu-Südend taten es dem Herrn Schlenk am nächsten Tage nicht an, sich für 100 einkaufen zu lassen. Sie standen 108. Der Drehstuhl quietschte nach Kontorschluß vergnügt: »Siehst du, mein Junge, wie recht ich hatte, nicht zu warten.« – »Jawohl, Herr Schlenk.« – »Wär' auch noch schöner: ein alter Rechengaul, wie ich, muß so etwas im kleinen Finger haben – 108 weniger 102, mein Junge, gibt –« – »Sechs Prozent auf dreitausend Mark nominal geben hundertachtzig Mark Gewinn, wozu noch Stückzins –« – »Junge, Junge: Hundertachtzig Mark Gewinn in einem Tag, wo ich einen Monat mit allem Fleiß als Hauptbuchhalter – aber was geht dich mein Gehalt an –

hätte nicht gedacht, daß du so naseweis –« – »Herr Schlenk, ich bin im zweiten Lehrjahr und habe Sie gar nicht nach Ihrem Gehalt –« – »Schon gut, mein Junge – und um wie viel, sagtest du, daß in dem Rechenbeispiel in der Handelsschule jene Bodenaktien –?« – »Auf das Zehnfache, Herr Schlenk.«

Langes Schweigen. Dann beim Nachhausegehen wohlwollend ein Klaps auf meine Schulter. »Junge, bin mit dir zufrieden. Werde beim Prinzipal beantragen, deine Lehrzeit 'n bißchen abzukürzen. Wo's nicht drinsteckt, da kann man's nicht reinklopfen, was Rassepferde sind, die laufen auf drei Beinen – und glaubst du, Junge, daß die Dinger weiter steigen werden?« – »Zweifellos, Herr Schlenk.« – »Es steckt drin, Herr Schlenk, Sie werden sehen, man braucht es nicht hineinzuklopfen.«

Der Lehrling, der Grasgrüne, der ein Taschengeld von zwei Mark fünfzig wöchentlich sein eigen nannte, behielt recht. Neu-Südend stiegen auf 115, 120, 130, 150. »Na, Junge, hatte ich nicht einen feinen Riecher?« frohlockte der hohe Kontorstuhl. – »Sie meinen, ich, Herr Schlenk?« sagte ich selbstbewußt, »ich bin's gewesen, der Ihnen damals sagte, es stecke drin, man brauche es nicht reinzuklo –« »Junge, Junge, als ob das nicht von jeher mein Spruch – na ja, die Schnellbleich-Handelsschule heutzutage – frühreif – naseweis und – und, sag mal, glaubst du, daß sie weitersteigen werden, he?« – »Nein, Herr Schlenk«, sagte ich beleidigt. – »Wie? Was? Was fällt dir ein, mein Junge – du nimmst dir ja Freiheiten heraus – das mit der abgekürzten Lehrzeit werde ich mir sehr überlegen –« – »Ich habe mich versprochen, Herr Schlenk: Neu-Südend werden selbstverständlich weitersteigen. Ich hab' da einen Riecher –« – »Wer hat einen Riecher, he?« – »Sie, Herr Schlenk, Sie natürlich.«

Der Riecher roch. Neu-Südend krochen weiter in die Höhe. Sie druckten sie mit 200 in die Zeitung.

»Junge, Junge, weißt du, daß ich damit glatt hundert Prozent ins Verdienen bringe?« – »Weniger zwei Prozent, Herr Schlenk, Sie kauften sie zu hundertzwei«, sagte ich altklug.

Neu-Südend machte von sich reden. Die Villen wuchsen aus dem Boden. Die reichsten Leute zog's ins Südend. »Wer ein bißchen auf sich hält, hat eine Villa in Neu-Südend«, sagte Herr Schlenk. »Und Sie, Herr Schlenk?« sagte ich vorlaut. – »Ich? Ich hab die Aktien – 387 heute, Junge, glaubst du, daß sie weiter –?« Ich warf mich in die schmale Lehrlingsbrust: »Sie sollen sehen, Herr Schlenk, daß unsere Neu-Südend –« – »Unsere? Erlaube mal –« – »– noch mehr als einen Hunderter klettern werden, Herr Schlenk.« Er lächelte befriedigt. Um diesen Preis ließ er sich mein mitbesitzendes »unser« gern gefallen. War ich nicht wirklich Mitbesitzer? Wer mitfühlt, besitzt auch mit. Mehr als ich hat auch Herr Schlenk das Steigen seiner Neu-Südend nicht erleben können. Ich schlug jeden Abend die Abendzeitung mit einer Hast auf, daß meine Schwester sich beklagte: »Mutter, er zerreißt mir die Romanfortsetzung!« – »Was mir an deinem dummen Roman vorn liegt, ich schaue hinten nach, im Handelsteil, wo meine Neu-Südend – aber das verstehst du doch nicht.« Mutter lächelte über mich und sie. Hinten und vorne – »ihr« Roman, »meine« Neu-Südend, war das nicht dasselbe?

Als Neu-Südend 120 standen, hatte es bedächtig vom Drehstuhl geklungen: »Ich werde sie verkaufen – sicher ist sicher – was meinst du, Junge?« – »Jawohl, Herr Schlenk.« – »Das wäre immerhin ein Nutzen von zwanzig Prozent und –« – »Achtzehn, Herr Schlenk.« – »Stimmt, und du wirst mich doch nicht für so dumm halten, mein Junge, daß ich mit lumpigen 18 Prozent –« – »Nein, Herr Schlenk.«

Das wiederholte sich. »240, sagst du, stehn sie heute? – das wäre immerhin ein Nutzen von 140 Prozent –« – »138, Herr Schlenk.« – »Stimmt, mein Junge, und du wirst doch nicht glauben, daß ich mit dieser ungeraden Zahl den Abschlußstrich –« – »Nein, Herr Schlenk.« – »Ja, wenn sie, sagen wir, 400 –«

Dann standen sie 400. Herr Schlenk verdiente lumpige 298 Prozent – »so eine blöde ungerade Zahl«, sagte er nach meiner Zweierkorrektur. 500 standen sie. Herr Schlenk verdiente 398 Prozent – »ist es nicht komisch«, sagte er, »ich kann die zwei Prozent, um die ich sie damals zu teuer kaufte, nicht einholen. Ich mag sie verkaufen, wie ich will – immer bin ich zwei Prozent zu kurz.«

Nicht zu kurz kam seine Phantasie. »Jetzt, wenn sie noch um zwanzig steigen, könnte ich ein Jahr lang mit der Arbeit aussetzen, wenn ich wollte, verstehst du, Junge?« – »Jawohl, Herr Schlenk.« – »Aber ich will nicht, verstehst du, Junge?« – »Jawohl, Herr Schlenk.« – »Sondern ich lasse sie ruhig noch auf, sagen wir 600 steigen, verstehst du, Junge?« – »Natürlich, Herr Schlenk.« – »Dann kauf' ich mir ein Haus – oder meinst du, daß ich bis 700 –?« – »Natürlich, Herr Schlenk.« – »Dann könnte ich mir das Haus auch ordentlich möblieren – oder was würdest du tun, he?« – »Ordentlich möblieren, Herr Schlenk.« – »Ach was, ob du sie noch weiter steigen ließest, meine ich?« – »Natürlich, Herr Schlenk.«

In Neu-Südend schossen Straßen auf um Straßen. Plätze knospten. Bogenlampen blühten mit. Sie, die zu Pari so bescheiden tat, hatte geschwollene Manieren bekommen. Zu Pari war sie einfachen Leuten nachgelaufen: »Kauft mich, ei, so kauft mich doch.« – Sogar Buchhaltern soll sie sich angeboten haben, dachte Herr Schlenk, ohne zu bedenken, daß er doch selber – – aber nein, es würde sich ohnehin bald ausgebuchhaltert haben, er war jetzt Aktionär. Mit seiner Aktie würde er bald dick und fett geworden sein, mir ihr eine fingerbreite goldene Uhrkette sich auf den Aktienbauch gelegt haben –

»Herr Schlenk«, kam ich atemlos gestürzt, »unsere Neu-Südend stehen auf 990!« – Herr Schlenk zwang sich eine eisenharte Napoleonsmiene übers zitternde Gesicht: »Nun, was hab' ich dir gesagt, mein Junge: Zehnfach –« – »Herr Schlenk, das sagte ich.« Aber er hörte nicht. Er rechnete: »Junge, Junge, bei 1000 schmeiße ich den ganzen Krempel hin und –« – »Herr Schlenk, die Bank wünscht Sie am Telephon zu sprechen.«

Er nahm das Hörrohr. Es riß ihm die Hacken zusammen: »Was sagen Sie: schließen 1000? – wie sagen Sie: verkaufen?« Plötzlich warf er sich in die nachlässige Haltung eines Millionärs: »Na ja, meinetwegen, notieren Sie für die morgige Börse den Verkauf – warten Sie: nicht unter 1000, bitte – das heißt 2 mehr, 1002 also – weniger auf keinen Fall – wenn nich, denn eben nicht, verstehnse?« Er hing das Hörrohr lässig ein.

Ich hatte einen feuerroten Kopf, als er mit gefrornem Lächeln an sein Pult ging: »Herr Schlenk, wenn Sie doch bei 1000«, stotterte ich, »ich habe ein Gefühl, als ob –« – »Ach was, Gefühl: Berechnung, Junge, eiskalte Berechnung – merke dir das, mein Sohn, sonst wirst du's nie zu etwas bringen.«

Am andern Morgen, eh' die Börse anfing, ächzte der Drehstuhl und ächzte. Als es einen Augenblick lang leer im Kontor war, fiel die Sicherheit. Er winkte mir. Ein von monatelanger Erregung zerfurchtes Gesicht starrte mich an: »Lauf schnell auf die Börse, Junge«, flüsterte er, »gib dem Bankvertreter diesen Brief – ich zieh das Limit zurück.« Und aufglänzend fügte er hinzu: »Du wirst's erleben heute, was für einen Riesensprung Neu-Südend in den zweiten Tausender hineintut – eil dich, Junge, sonst sind sie weg, meine Neu-Südend, zu dem Lumpenpreis von 1002!«

Ich stürzte mit dem Brief hinaus zum Tor. Noch wie heute weiß ich's, ein Sonnenmorgen war es. Die Leute sahen alle froh aus. Vergnügt die ganze Welt. Und ließ sich Zeit. Nur ich mit meinem Brief ein Störer. Ich rannte auf einen Dienstmann um die Ecke. Er brummte mir nach: »Auch einer, der es nicht erwarten kann, bis er unter die Räder kommt, der Unverstand!« Ich drehte mich im Laufen um: »Sie sind der Unverstand: Was wissen Sie vom großen Sprung – Neu-Südend – zweiter Tausender!« schnaufte ich und rannte weiter.

Die Börse hatte angefangen. Auf dem Pfeiler, wo Neu-Südend-Aktien gehandelt wurden, hing eine Tafel; 1001 war der erste Kurs mit Kreide aufnotiert. Die Ziffer sah so komisch aus. Zwei dicke Nullen, links und rechts von einem steifen Bajonettsoldaten bewacht, suchten auszubrechen. Um den Pfeiler war ein aufgeregtes Summen. Leute schrien Zahlen hin und her. Ich schoß auf den Bankvertreter und knitterte ihm den Brief in die Hand. Er las ihn ruhig. »1001 1/4, 1001 1/3, 1001 1/2, 1001 3/4!« brandete es um uns. Ein anderer Bankvertreter sprang auf ihn zu, packte ihn am Rockknopf: »Herr Schwabacher, Sie geben 3000 zu 1002, höre ich – ich will sie neh –« – »Bedaure, ziehe das Limit zurück.«

Das Geschrei ging weiter: »1001 1/4, 1001 1/3, 1001 5/6, 1000, 999 1/2, 1000, 1001 1/2« – – – Ich spürte es bis in die Fingerspitzen: Das Schicksal zitterte um 1002 herum. Plötzlich trat eine Stille ein. Daraus eine Stimme: »Neu-Südend 1002, wer gibt?« Ein Schwindel packte mich. »Ich!« schrie ich. Gelächter. »Was will dieses Bürschchen!« hörte ich es rufen. Und während ich hinausging wie ein Wasserüberstürzter, sagte eine klare Stimme: »Es ist ein Unfug – Neu-Südend ist ein Wasserkopf – Sie werden sehen, es gibt eine Katastrophe – – –«

Ein verzerrtes Gesicht durchbohrte mich vom Drehstuhl. Eine heisere Stimme flüsterte: »Zurückgezogen, Junge?« – »Jawohl, Herr Schlenk.« An diesem Abend las ich auf der letzten Zeitungsseite: »Neu-Südend-Aktien, in denen eine zügellose Spekulation seit Monaten wahre Orgien feiert, überschritten zu Börsenbeginn den Kurs 1000. Dann griff eine Ernüchterung Platz. Das Papier ist scharf rückgängig und schloß zu 902.«

Herr Schlenk saß am anderen Morgen unbewegt vor seinen Büchern. Kein Wort sprach er. Das Mitgefühl drückte mir die Kehle ab. »Herr Schlenk«, flüsterte ich, »sie werden wieder steigen, Ihre Neu-Südend.« Er sah mich erstaunt an, fast abweisend, als wenn er sagen wollte: »Was gehen mich denn Neu-Südend an?« Ich wurde irre: »Soll ich – Herr Schlenk, soll ich auf die Börse – ?« – »Den Mund sollst du halten – deine Arbeit sollst du tun – nicht in anderer Leute Sachen sollst du dich mischen.« An diesem Abend standen Neu-Südend-Aktien 850.

Verdrossen saß ich auf meinem Schemel. Plötzlich klang's ängstlich neben mir, beinahe bittend: »Junge?« – »Jawohl, Herr Schlenk?« – »In fünf Minuten fängt die Börse an – lauf rasch hinüber – sag, ich verkaufe zu 850 – nein, 860 – nein, 870 – das heißt, wenn sie gerade heute sich erholten – zu 900 also – ich verliere allerdings dabei noch hundert –« – »Nein, Herr Schlenk, 800 würden Sie gewinnen – bei 800 würden Sie noch 700 gewinnen – Herr Schlenk, verkaufen Sie, so gut es geht.« – »Bist wohl verrückt – bei 900 bleibt es, nimm den Zettel mit der Unterschrift – aber eil dich.«

An diesem Tage stand in der Zeitung: »Neu-Südend konnte sich heute von ihrem Rückgang bis auf 899 erholen, um dann in wilden Zuckungen bis auf 780 zu ermatten. Es wäre unseres Erachtens an der Zeit, daß der Börsenkommissar selbst – – –«

Ich brachte wieder ein Limit zum Pfeiler: 780. Der Bankvertreter lächelte: »Es liegen Verkaufslimite zu 700 vor.« 630 grinste es aus der Abendzeitung.

»Gut, ich verkaufe das Teufelspapier zu 630«, ächzte es vom Drehstuhl, »Junge, lauf.« – Ich lief – – – Kurs 627. Was bin ich damals mit Limiten hinter Neu-Südend hergelaufen: »Neu-Südend, höre doch, ich bitte dich, laß dich erwischen!« Aber Neu-Südend hörten nicht. Sie liefen schneller als ich. Sie hatten es noch eiliger als Herr Schlenk, auf ihrem Wege abwärts. Mit tollem Juchzen, wie am Stock der Älpler talab springt, rutschten sie in Sätzen auf 600, auf 500, auf 400, die flehenden Limite des Herrn Schlenk dahinterher, immer eine Handbreit weg vom Ziel. Der Häuserkrach begann. Die Wohnungen in Neu-Südend standen leer. Die Dividenden wurden eingestellt. Neu-Südend sanken ins Bodenlose. Es kam der Tag, da ich für Herrn Schlenk mit dem Limit 102 zur Börse lief – vergeblich, sie standen 101. Da tat er einen Fluch: »Ich will nichts mehr wissen von dem Schandpapier, es ist Luft für mich!« Recht behielt er: Ohne Luft kann niemand leben, und Herr Schlenk nicht ohne die Neu-Südend. Er schlug sie heimlich in der Zeitung auf. Er begleitete sie schwitzend weiter auf 80, auf 70 und auf 50, er sah sie endlich sich verschnaufen in der Wüstenei von 40. Er dachte nicht mehr ans Vekaufen. Sie rückten in die Ferne, in das Wenn. »Wenn ich sie damals zu 1000 abgestoßen hätte«, sagte Herr Schlenk. »Wenn ich sie zu 900 hätte fahren lassen«, begann er zu erzählen. »Wenn ich kein Limit gegeben hätte – – – wenn – – – wenn – – –« Man konnte mit Herrn Schlenk sprechen, was man wollte, mit drei, vier Sätzen war er bei dem Wenn. »Herr Schlenk, Sie sollten Urlaub nehmen – hinaus aufs Land.« – »Land? Hat sich was mit Land. Etwa gar Neu-Südend, he? Nun denken Sie, wenn ich damals, als sie 1000 standen – –«

»Herr Schlenk, kommen Sie heute abend mit zum Kegeln?« – »Kegeln? Schuß ins volle, he – einmal, sag ich Ihnen, hatte ich einen Schuß ins volle frei – das war damals, als Neu-Südend 1000 standen – wenn ich damals – – –« – »Was halten Sie von Rußland, Herr Schlenk?« – »Rußland? Kolossales Land – Riesenzukunft – sehen Sie nur diese Fläche auf der Karte – da wenn einer eine Bodengesellschaft daraus machte, he? – ob diese Aktien auf 1000 stiegen wie damals meine Neu-Südend, die ich zu 1002 verkaufen hätte können, Herr, wenn – – –«

Erst lachten die Leute. Dann lächelten sie. Dann gekamen sie steinerne Mienen. Dann wichen sie ihm aus. Dann wanden sie sich unter seinen Händen, wenn er sie beim Rockknopf kriegte: »Ich sage Ihnen, wenn ich damals, als Neu-Südend über 1000 gingen – – –«, und überließen ihm den Rockknopf, nur um freizukommen.

So auf sich selbst zurückgeworfen und auf seine Neu-Südend, konnte er mitten in der Arbeit seine Bücher zuschlagen und Berechnungen, Tabellen, Kurven aufstellen, die dartun sollten, was geschehen hätte müssen, damit er die Neu-Südend doch zum höchsten Kurs abgeschüttelt hätte. Stundenlang brütete er darüber. Seine Arbeit blieb liegen. Er wurde nachlässig. Er empfand den leisen Tadel nicht, den der Prinzipal einfließen ließ. Er kam ganze Tage nicht ins Geschäft, weil ihm unterwegs eine neue Wenn-Möglichkeit in den Sinn gekommen war, der er gestikulierend durch die Straßen in die Felder nachging.

Dabei war er auf die Schuldüberwälzung gelangt: »Wenn an jenem Morgen meine Hausfrau mich nicht so geärgert hätte, als ich ins Geschäft ging – wer weiß, ob ich nicht dann doch zu 1000 – – –« – »Wenn mich nicht der Briefträger damals auf der Straße aufgehalten hätte – wer weiß, ob nicht doch verkauft – – –« – Und endlich blieb er bei mir stecken: »Junge, Junge, wenn du doch damals nicht so schnell gelaufen wärest, hätt' er sie verkauft gehabt zu 1002 – denk mal, 1002!« – »Aber Herr Schlenk, Sie sagten doch: Lauf schnell!« Der Widerspruch reizte ihn, daß er blaurot wurde: »Mußt du denn immer alles tun, was dir jeder – jeder Schwachkopf sagt!« schrie er, »das ganze Unglück kommt von deiner dummen Lauferei!« Er wurde alltäglich ausfälliger. Immer feindseliger sah er mich an. Es kam so weit, daß der Prinzipal mich fragte. Ich wich aus. »Erzähle!« sagte er ruhig, aber zwingend. Da erzählte ich.

Er hörte schweigend zu. Dann tat er einen langen Atemzug: »Herr Schlenk ist 24 Jahre im Geschäft. Er soll bleiben, trotz – trotz Neu-Südend. Und wenn Sie als ausgelernter Lehrling nicht die Nachsicht gegen einen alten Mann aufbringen, der es ohnehin kaum lange mehr machen wird, so –«

Ich sah noch, wie sie einen alten Buchhalter enterbten. Stück für Stück und schonend. Ein Buch nach dem andern nahmen sie ihm unter einem Vorwand. Das letzte war das Geheimbuch mit der Goldschrift. Einen Bogen nach dem andern bedeckte er mit Kurven: »Wenn – – –« Wenn er einen Bogen fertig hatte, steckelte er unsicher an meinem Platze vorüber, leise zischend: »Du mit deiner dummen Lauferei, wenn du damals...«

Eines Tages war sein Platz leer: »Der alte Schlenk ist tot«, hieß es. Im Nachlaß fanden sich drei Neu-Südend-Aktien. Der Prinzipal wog sie in der Hand. »Verdammt leicht«, murmelte er, »möge ihm die Erde auch so leicht sein.« Dann wandte er sich zu mir: »Läuten Sie die Bank an, welchen ungefähren Wert heute die Neu-Südend-Aktien – –« – Der Bescheid war knapp: »Makulatur!«

Der Prinzipal wog sie abermals: »Wollen Sie sie haben – als Andenken? Vielleicht schützen sie Sie mal – es gibt Neu-Südend-Aktien in der ganzen Welt, wohin Sie schauen, junger Mann.«

Walter Mehring

Sein fulminantes Drama **Der Kaufmann von Berlin** *hat Walter Mehring im Untertitel genannt: »Ein historisches Schauspiel aus der deutschen Inflation«. Emil Faktor schrieb im »Berliner Börsen-Courier« vom 7. September 1929 – der seinerzeit übrigens eines der versiertesten Feuilletons der Republik enthielt! – über die Premiere des Stücks: »Sein Inflationsdrama setzt sich, ohne Anwandlung von Größenwahn, in ein Wettbewerbsverhältnis zu dem großen Vorfahren Shakespeare... Seine erstaunliche Erinnerungsphantasie schwankt zwischen Dialogform und spukhafter Wiedergabe.« Und in diesem Spuk werden von einer beunruhigten Bevölkerung Berlins die Börsenkurse auf offener Straße diskutiert.*

Berlin: Großkampfstunde in der Burgstraße. – Die Domglocken läuten in den Kontrapunkt zum Hupen der Autokolonnen und dem Feldgeschrei des Freiverkehrs im Engpaß des Kanalufers. Und während die Kohorten der Börseaner, in panischer Flucht vor der Mark, hinter fremden Devisen Deckung suchen, steigen vom Allerheiligsten der Börse Tips und Informationen zum Himmel, wundergläubig, daß Ware sich wandle in Geld, bis die irdischen Güter im mystischen Kulte von Nachfrage und Angebot sich entmaterialisieren in der Zahlenmagie des Heiligen Mehrwerts...

– Fünftausend Tonnen Roggen Hambuger Hafen 84 Geld!

– 85 Brief!

– Von Ihnen!

– An Sie! Warum läugen denn eigentlich die Glocken?

– Schrott müssense kaufen! Ich hab was für Sie! Zwei Waggons rostje Granaten!

– Emmes oder Luft?

– Meine Granaten in Gottes Ohr! Ihr Roggen is noch nich mal gesät!

– Aber Valuta in der Tasche is mir lieber als Getreide auf dem Verschiebebahnhof!

Kaftan im Vorbeistreichen – A gute Valuta ist der Dollar!

– Wieso! Ham Sie welche?

Kaftan schnippt mit den Fingern – Wenn Sie kennen bazohlen...

– Gemacht! Ich biete... Was läuten denn bloß die Glocken, daß man seinen eignen Kurs nich versteht!

– Für die ersten Ruhrtoten! Passense auf, die Mark stürzt in die Puppen!

– Seiense still! Seiense still! Wo mir der Arzt jede Aufregung verboten hat... Also, was is mit den Dollars!

Kaftan mit schlauem Lächeln – Wos ist mit den Dollars? Wos soll sein? Ich varkoif Ihnen nischt!

– Müssen Sie Unglücksrabe ausgerechnet dazwischenunken! – Meschugge kann man werden von dem Geläute!

– Bittschön, zu was regens sichs auf, lieber Freund! No was schaut schon dabei heraus? Per saldo ein Leichenstein!

– Wenn Sie predigen wolln, gehnse gegenüber in den Dom!

– Zehntausend Tonnen Roggen 81 Geld.

– 80!

– 79 1/2!

– Der ganze Roggen wächst mir zum Halse heraus! Wer fragt heut noch nach Getreide...

Mittags Unter den Linden Ecke Friedrichstraße.

Der Verkehr kulminiert. Das Tempo der Menge ist verhalten, aber wie in Ruhe vor dem Sturm. Ein leicht angeschabter Hochgebildeter lispelt auf einen solventen Dicken ein

– Und ich sage Ihnen, ein innerlich so zerrissenes Volk – deräh – Freiligrath nannte uns Deutsche mal eine Hamletnation... ein so gärendes Volk muß um seine Einheit...

Der Dicke rempelt einen Passanten.

– Flegel!

– Sie ham woll das Trottoir gepachtet?

– Entschuldigen Sie sich wenigstens, wenn sie einem auf den Fuß treten! Lausejunge!

– Schieber! ...

Ein feiner Herr, eine feine Dame – Ach, es schneidet mir immer in die Seele, diese armen Leute!

– 'gnä Frau haben ein zu gutes Herz! Waren Sie schon bei Schlagende Wetter? Kein Reißer! Aber ein tiefer Einblick in das Leben und Treiben unserer Bergleute. Eher ein Kammerspielfilm. Mit sehr kinowirksamen Effekten...

– Bei dieser Flaute auf dem Effektenmarkt...

– Streichhölza! Streichhölza!

– Und dazu die ewigen Scherereien mit den Ausfuhrbehörden...

– Alles für die Arbeiter! Nichts für den Unternehmer!

– Streichhölza! Streichhölza!

– Die Straßenbettelei müßte auch verboten werden...

Ein Schupo – Zeigense mal ihren Gewerbeschein!

– Streichhölza! Streichhölza!

– Könn' Sie nich hören?

Eine Frau aus dem Volke – Die is doch blind! Die kann Ihnen doch nicht sehn!

– Mischen sie sich nich rein! – Kommse mit!

Neugierige – Was is denn los? … Is was los?

– Ick weeß nich! Die hat woll was jeklaut!

– Was? Gestohlen auf offner Straße? Und sowas unterstützt man!

– Das sind die Früchte des Bolschewismus!

– Siehst du, was ich dir immer sage: Nur kein Mitleid! Nur kein falsches Mitleid!

Der Menschauflauf verdicht sich – was is denn passiert?

– Eine Spionin ham sie jefaßt!

– Quatsch! Hunger hat sie jehabt!

– Hätt sie nich den Krieg verlieren sollen!

– Diese Bande!

– Diese Kapitalisten!

– Diese Ausländer!

Eine neue Woge spült Kaftan an. Hilflos zwischen Diskutierenden – Im Anfang der semitischen Welt, die dann die unsere wurde, steht das Wort! …

– Nebbich!

– Was heißt hier: nebbich? Mit 5 AEG-Aktien könnse sich nich die Butter zum Brot verdienen! …

Ein Polizeioffizier wirft sich dazwischen – Aber, meine Herren, haben Sie denn keine anderen Sorgen in dieser ernsten Zeit?

– B.Z. B.Z am Mittag! Der Dollar 8500! … Rufe – B.Z. B.Z.

Die Zeitungen überschäumen den Menschenstrom.

Rufe – Der Dollar 8500! … der Dollar 8500 … Zwei Punkte gefallen! Ich bin ruiniert!!

Die Zeitungsverkäufer im Weiterstürmen – B.Z. B.Z. am Mittag! Panzerautos in Bochum!

Lesende – Bochum besetzt! Das bedeutet den Zusammenbruch Deutschlands!

– Bochum besetzt! Das bedeutet naturgemäß stärkste Engagements im Devisenhandel!

Urs Widmer

Sein Großvater war einst für kurze Zeit reich gewesen – das hat seine Familie und auch ihn geprägt: Der tapsige Held aus Urs Widmers 1984 erschienenem modernen Märchen **Die gestohlene Schöpfung** *hat mehrere Anläufe unternommen, zu Vermögen zu kommen – vergebens! Nun verwaltet er recht und schlecht die Vermögen dreier schrulliger alter Damen. Für sie führt er treuhänderisch Anlagegeschäfte durch. Seine beschauliche Existenz verwandelt sich in einen Action-krimi, als ihm seine bescheidenen Finanz-Jonglagen endgültig daneben gehen… Lassen wir uns aber zunächst seine Klientinnen von ihm schildern*

Bei uns zu Hause wurde nicht von Geld gesprochen, nie. Oft saßen wir zu viert (meine Schwester und ich halfen uns durch Blicke, das tägliche Vermeiden des Themas auszuhalten, das das einzige gemeinsame Interesse unserer Eltern war) mit *einer* Wurst und hörten dazu meine Mutter sagen, in Schlesien, da wo sie herkam, würden alle Leute steinalt, weil sie ausschließlich Grünkohl äßen. Der Vater meiner Mutter war einmal ein paar Jahre lang reich gewesen (er hatte an einer Erfindung mitgewirkt, einem nichtflüssigen Treibstoff), aber irgendwann einmal war dieser Reichtum wieder zerronnen. Ein Mythos seither. Meine Mutter (die jetzt in Bad Vilbel wohnt, weil ihr die Miete des Hauses in Frankfurt, eines baumumwachsenen Westendparadieses, zu hoch geworden war) geht dennoch zum Supermarkt, als habe ihr Chauffeur gerade seinen freien Tag. Ringe überall; Ketten. Sie hat, wenn sie ihr Haus verläßt, jenen Charme der Wohlhabenden, denen nichts Menschliches fremd ist; beugt sich, obwohl sie klein wie ein Knubbel ist, zu den Nachbarinnen hinunter und hört sich deren Probleme mit der Wäsche an: als wüsche sie nie. Zuweilen allerdings erzählte sie Witze, in denen der Geiz gelobt wurde; Gutsherren verweigerten Bettlern mit einem Bonmot ein Essen. Einmal im Jahr löste die Steuererklärung, obwohl sie immer leichter auszufüllen war, leidenschaftliche Ausbrüche aus. Die Mutter schluchzend und haareraufend, der Vater türenschlagend.

Mein Vater hatte sich gewünscht, mich einen Prediger werden zu sehen; einen, der den Dämonen der Lüge mit dem Schwert der Wahrheit zu Leibe rückte; meiner Mutter wäre ein Advokat lieber gewesen. Wie um mich abzugrenzen von dieser Ehe, deren Kitt ich war, sprach ich schon als Kind, kaum war ich ohne meine Eltern, fast ausschließlich von Geld. Es war ein herrliches Gefühl, wie ein Großer die Münzen für ein Eis bar auf den Tisch legen zu können. Später genoß ich es, in einem stillen Geschäft (Kunden wie Galeriebesucher) ein Seidenhemd auszusuchen und an der Kasse dann eine horrende Summe beiläufig hinzulegen. Ich schwamm nicht im Geld, oder bald doch, denn schließlich rissen mich die unberechenbaren Geldströme mit wie einen Kahn, der unversehens in die sieben Katarakte des Nil geraten war. Natürlich ging ich unter. Heute habe ich nicht einmal mehr ein Büro. Das, das ich bis gerade eben noch hatte, war in einer stillen Westendstraße, der Kleinen Wiesenau, einem nach Sigmund Freud benannten Haus voller Psychologen gegenüber, dessen Außenwände wie ein Badezimmer gekachelt waren. Drei Zimmer, ein winziger Balkon. Nachts war das Büro meine Wohnung. Drei Mal in der Woche kam eine junge träge Frau, die meine Schreibarbeiten erledigen sollte, sich aber oft nach dem Betreten der Wohnung auf dem Bett hinlagerte und dort blieb bis zum Feierabend. Mit ihr, die keinerlei Initiative zu haben schien, war alles auf ihre Initiative hin passiert. An einem klebrigheißen Nachmittag waren wir auf einmal ineinander verschlungen gewesen; ich weiß nicht mehr, wie es dazu gekommen ist. Sie entwickelte jedenfalls dies eine Mal ein Temperament, das Kleider und Leintücher zerfetzte. Später war alles ruhiger. Heute glaube ich, daß sie einfach lieber auf dem Rücken ruhte als tippte; und daß ich mit ihr lag, nahm sie in Kauf als eine Konzession ans Berufsleben. Wenn ich mich dann anzog, gleichzeitig entnervt und erhoben, blieb sie einfach liegen, breit und mit Brüsten, wie sie die Amerikanerinnen zur Zeit des Koreakriegs hatten, paffte Zigaretten und schaute zur Decke hinauf. Ich las Börsenberichte oder telefonierte. Erst kurz vor sechs kam Leben in sie (so etwas wie Leben), sie stand plötzlich auf, zog sich an und verschwand, ohne ein Adieu gemurmelt zu haben. Ich setzte mich dann an die Maschine und tippte, was zu tippen war; der Preis der Leidenschaft.

Mein eigentlicher Arbeitsplatz war die Börse. Ich ging gern hin, wenn ich davon absehe, daß sie mich, von außen, an meine Schule erinnerte. Imponierrenaissance. Innen war alles zwanzigstes Jahrhundert. Ich stand zwischen den vielen, die Millionen mit einem einzigen Gebell in ihre Telefone verschoben, und kaufte oder verkaufte Papiere. Verwaltete und vermehrte Vermögen, möglichst viele natürlich; aber ich hatte nie mehr als das Geld von drei alten Damen (alle drei zwischen siebzig und achtzig), die mir vertrauten und mich keusch umwarben. Tee-Einladungen, zuweilen eine Flasche Cognac, einmal eine mykenische Tonfigur. Die erste Dame (sie führte mir dann ihre Freundinnen zu) war mit einem Mann verheiratet gewesen, der von seinem Bruder ziemlich viel Geld unter der Bedingung bekam, daß er den gemeinsamen Betrieb, ein Textilunternehmen, nie betrat. Ihm war das recht, er saß zu Hause und erfand Aschenbecher, die Danke sagten, wenn man Asche hineinwarf, oder eine Anlage, die sein Garagentor öffnete, wenn er im Auto *Stormy weather* pfiff; oft saß er die halbe Nacht im Regen und versuchte, sich an die Melodie zu erinnern. Er war ein leidenschaftlicher Amateurfunker mit einem Schlafzimmer voller Drähte und Röhren, einer von der Art, die jedes Interesse am Funken verlieren, wenn die Verbindung einmal hergestellt ist; dann wollte er nur noch ein paar Daten über die Empfangsqualität wissen, und aus. Ich war ursprünglich *sein* Berater; er mein erster Kunde. Jeden Abend ging er ins Café Kranzler, aß einen Milchreis und las die Welt, und ich mußte mich zu ihm setzen, auch mit einem Milchreis, stumm, bis er die Zeitung mit einem entschlossenen Ruck zusammenfaltete und mir die Aufträge des Tages gab. Dann starb er. Seine Frau interessierte sich nicht für Börsenkurse. Ihr Hobby war die Archäologie; jeden Frühling zog sie mit Pickel und Schaufel nach Griechenland. Sie rauchte wie ein Schlot und hustete sogar, während sie sprach. Holte ununterbrochen und ungeniert laut irgendwelche Ablagerungen aus den tiefsten Tiefen ihrer Bronchien nach oben. Sie war heiter und vertrauensvoll und die entsetzlichste Autofahrerin, der ich jemals begegnet bin.

Das war auch die zweite alte Dame, eine ehemalige Blockflötenvirtuosin, die Telemann und die brandenburgischen Konzerte öffentlich gespielt und ihr Vermögen aus dem Verkauf eines Grundstücks an der Zeil hatte, das von einem Urahn für fünfzig Pfennige pro Quadratmeter erworben worden war. Viehweide. Während die erste in ihrem Auto immer wieder von einer magischen Riesenhand auf die linke Straßenseite gezogen wurde, hatte die zweite ein gestörtes Verhältnis zu ihren Gängen, fuhr im vierten ab und schaltete, wenn der Motor sich endlich hochgearbeitet hatte, in den ersten hinunter. Ich erlebte sie ein einziges Mal zornglühend, nämlich als ich ihr vorschlug, ein automatisches Getriebe zu kaufen; und ich begriff, sie schaltete *gern*. Sie wusch sich oft die Hände, sprach ein gespreiztes Deutsch (die Erinnerung an irgendein Patriziertum) und konnte in wilde Lachanfälle ausbrechen, wenn jemand Wörter wie Popo aussprach. Einmal hatte ich während einer Ferienreise die erste Dame in der Nähe von Mykene aufgesucht (in jenem Ort, von dem aus die Straße nach den Ruinen abbiegt, in einem weißgekalkten kubischen Haus), und die zweite war auch da, und wir verbrachten einen wunderschönen Abend auf der Terrasse unter Weintrauben, in einer nach Harz riechenden Luft, von den Atriden sprechend. Zikaden zirpten. Bevor ich dann zu Bett ging, duschte ich mich und hatte plötzlich ein seltsames Gefühl an der Kopfhaut, und als ich nach oben sah, sah ich zwei glühende Punkte am Oberlicht. Ihre Augen. Später hörte ich, sie habe in jungen Jahren einen Cellisten gern gehabt; was sie heute von sich preisgebe sei nur ein Teil von ihr.

Die dritte Dame fuhr nicht Auto. Sie trank. Sie begann damit in der Früh und hörte spät auf, aber ich habe sie nie betrunken gesehen. Sie hatte irgendein kräftiges Etwas in sich, das ihr alles hinter dem Mund wegtrank und an ihrer Statt trunken wurde. Dann erlaubte sich die alte Dame, sich selber gern zu haben. Sie wurde nett und war nicht mehr panisch und tat nicht mehr nur das, was ihre Freundinnen auch taten. Bis gegen Mittag kam sie mir wie ein leerer Sack vor, der orientierungslos in einer bösen Welt stand. Die Ohren nach innen, den Befehlen des strafenden Dings lauschend. Am Nachmittag wurde sie eine völlig andere Person, die mit weiten Tangoschritten ging und sich im Pfropfen von Obstbäumen auskannte. Nachts wurde sie müde und saß gähnend da, während die andern beiden in Schwung gerieten und sich abwechselnd Geschichten von zerscherbelten Vasen und geplatzten Konzerten zubrüllten. In der Regel, weil wir darüber an Vormittagen sprachen, kaufte und verkaufte sie dieselben Papiere wie ihre Freundinnen, keins mehr und keins weniger. Sie hatte keine Kinder; die zweite Dame auch nicht; aber die Archäologin hatte einen Sohn, Horst, einen furchtbaren Menschen mit millimeterkurzen Haaren, der bei meinen Besuchen zuweilen hinter seiner Mutter saß und ihr Ratschläge ins Ohr flüsterte. Er hatte einmal Advokat werden wollen oder sollen, war aber an der ersten Prüfung gescheitert; dann entschied er sich für die Offizierslaufbahn und walzte im ersten Ausbildungsjahr mit einem Panzer einen Kleinstadtbahnhof nieder, oder nahezu; natürlich entließ ihn die Bundeswehr. Nun machte er auch Geldgeschäfte, ich weiß nicht, mit wessen Geld. Seine Mutter gab ihm jedenfalls ihres nicht. Vielleicht hatte er ebenfalls drei alte Damen. Ich sah ihn zuweilen an der Börse, am andern Ende des Halbrunds. Da stand er in einem peinlich korrekten Anzug, mit seinen dummen Haarstummeln und hektisch geröteten Wangen und rief seine Angebote wie ein Hase, der um Futter bettelt; er war immer sehr vorsichtig, geizig, wie ein Spielbankbesucher, der für den ganzen Abend nur hundert Mark hat und zehn davon fürs Taxi retten will.

Nie gelang es mir, weitere Gelder zu akquirieren als die der Damen. Aber mit ihrem Geld ließ sich auch schon etwas anfangen. ich kaufte (ich hatte ja ziemlich freie Hand) Zucker, den ich abstieß, bevor er geerntet war; Kakao; einmal Tabak. All diese Warenterminsachen. Handelte natürlich auch mit Papieren und setzte auf das Steigen und Fallen des Dollars. Lange Zeit glichen sich große Gewinne und heftige Verluste aus, und den Damen lieferte ich Berichte, in denen nur die Stetigkeit meiner Arbeit vorkam. Ich tat meine Arbeit gern, obwohl ich zuweilen schon vor Mittag nach Hause rannte und lange heiß duschte.

Samuel Pepys

Genau 100 Jahre nach der Gründung der Royal Exchange in London 1566 kauft der ob delikater Notizen in seinem **Tagebuch** *berühmte Engländer Samuel Pepys »meiner Frau in der Börse einen Muff« – Pelzhandel war zu diesem Zeitpunkt noch ein Bestandteil der späteren Londoner Börse. – Im folgenden Jahr 1667 wird Großbritannien von einer französisch-holländischen Blockade und von Krieg bedroht, und diesmal ist die Börse eine der Hauptinformationsquellen des Sekretärs der Admiralität Pepys (ausgesprochen: »Pipps«), und leidenschaftlich erörtert er den Stand der Ereignisse sowie die Möglichkeiten, sein Vermögen in Sicherheit zu bringen.*

27. April 1667: Habe heute sehr günstig Kohlen gekauft.

30. April 1667: Höre in der Börse, daß die Franzosen und Portugiesen Frieden geschlossen haben. Besitze jetzt 6.700 Pfund, wofür Gott mich dankbar mache. Mit frohem Herzen zum Abendessen.

15. Mai 1667: Höre bei Sir W. Batten, daß unsere Botschafter in Holland nicht gut behandelt wurden, man hat ihnen ein unmöbliertes Haus zur Verfügung gestellt.

Mr. Lowder, so heißt es, benutzt einen Badezuber, d.h. er badet und schwitzt darin, nach ihm dann seine Frau.

16. Mai 1667: Unsere Botschafter sind offenbar doch mit großer Höflichkeit behandelt worden. Mr. Shepley

berichtet, daß es meinem Vater wieder sehr gut geht – bis auf die Schmerzen. Ich wünschte, er wäre jetzt hier, dann könnte ich ihm besser helfen.

22. Mai 1667: In der Börse erzählt man sich, daß die Schweden sich mit den Holländern überworfen haben.

3. Juni 1667: Las »Das Leben des Kardinal Wolsey, geschrieben von seinem eigenen Diener«. Sprach mit dem guten Mr. Evelyn über den gegenwärtigen Stand der Dinge; die Holländer sind mit 80 Schiffen ausgelaufen, die Franzosen sind mit 20 Schiffen und 5 Kanonenbooten im Kanal, während wir nicht ein einziges Schiff dagegensetzen können. Unsere Unterhändler verhandeln in Breda. Die Schuld daran hat unser nachlässiger Prinz. Das Königreich wird nun wohl zugrunde gehen, trotz aller Tradition und Reputation.

8. Juni 1667: Im Amt erfahre ich, daß die Holländer mit 890 Segelschiffen vor Harwich liegen und daß man in Bethnall Green den ganzen Tag Geschützdonner gehört hat. Der könig hat Lord Oxford ausgesandt, damit er an Ort und Stelle die nötigen Maßnahmen einleitet.

9. Juni 1667: Las während der Heimfahrt eine Satire mit dem Titel »Die Vision«, aus dem Spanischen von Le Strange übersetzt. Die Übersetzung ist ganz hervorragend, man sollte nicht glauben, daß es eine Übersetzung ist. Wir sollen Kanonenboote gegen die Holländer kampfbereit machen.

11. Juni 1667: Sheerness ist verloren, was sehr traurig ist. Der Rat hat uns ermächtigt, alle Schiffe zu beschlagnahmen. Die Miliz ist aufgerufen.

12. Juni 1667: Schlechte Nachrichten: Die Holländer haben die Sperrketten bei Chatham durchbrochen. Der Hof in sehr gedrückter Stimmung. Unsere Herzen tun weh, denn die Meldungen bestätigt sich: die Holländer haben unsere Schiffe in Brand gesteckt, vor allem die »Royal Charles«. Ich fürchte so sehr um das Schicksal

des Königreichs, daß ich beschließe, heute abend mit meinem Vater und meiner Frau darüber zu beraten, was ich mit meinem Geld tun soll. Gott helfe, Gott weiß aber auch, daß ich für meine Person immer meine Pflicht getan habe. Wir beschlossen, mein Geld fortzuschaffen – teils aufs Land, und teils zu Sarah Giles. Voller Furcht und Angst zu Bett, kaum ein Auge zugetan.

13. Juni 1667: Auf Befehl des Königs und des Herzogs von York wurden unsere Schiffe bei Barking Creek versenkt, damit die Holländer nicht weiter vordringen können. Daraufhin packte mich solche Angst, daß ich beschloß, meinen Vater und meine Frau sofort aufs Land zu schicken; jeder nahm 1.300 Pfund in Gold im Reisekoffer mit. Habe mir einen Grütel anfertigen lassen, in dem ich auf mühselige Weise 300 Pfund in Gold mit mir herumschleppe. Die ganze City ist niedergeschlagen und bedrückt, man glaubt sich verraten und verkauft und fürchtet sich vor einer Invasion der Franzosen. Habe heute mein Testament gemacht und alles zwischen meinem Vater und meiner Frau gleichmäßig aufgeteilt.

14. Juni 1667: Bin jetzt alleine im Flottenamt, worüber ich froh bin, denn so bin ich immer in der Nähe meines Hauses und außerhalb der Gefahrenzone, kann aber trotzdem Nützliches für den König leisten.

18. Juni 1667: Gute Nachricht von der Explosion eines holländischen Schiffes.

19. Juni 1667: Meine Frau erzählte mir, wie sie zusammen mit meinem Vater unser Gold vergraben hat, an einem Sonntag, bei hellichtem Tage, so daß man ihnen gut zusehen konnte, was mich schier wahnsinnig macht. Überlege jetzt, wie ich das Gold wieder zurückkriege. Erzürnte mich so sehr mit meiner Frau, aß und sprach nicht mit ihr und ging sofort zu Bett.

20. Juni 1667: Wieder mit meiner Frau versöhnt wegen des Goldes. Entsetzlich heißes Wetter.

21. Juni 1667: Aus Harwich kommt die Nachricht, daß die Holländer in Sichtweite sind, fast hundert Schiffe kann man erkennen.

26. Juni 1667: Während ich mich ankleidete, kam Nell herein; ich spielte mit ihr, faßte sie an den Bauch, küßte sie aber nicht. Die Kohlenpreise sind gewaltig gestiegen, weil der Bedarf nicht gedeckt werden kann.

9. Juli 1667: Abends kommen Meldungen, daß die Holländer mit ihrer Flotte vor Dover liegen. Niemand glaubt mehr an einen Frieden.

12. Juli 1667: Der König hat offenbar den drei Bedingungen der Holländer zugestimmt, und Mr. Coventry ist wieder nach Breda unterwegs.

3. August 1667: Legte heute dem Schatzamt meine Abrechnung über alle Schulden der Flotte vor, sie betragen über 950.000 Pfund.

5. August 1667: Hörte an der Börse, daß wir vier Schiffe verloren haben, zwei auf der Rückfahrt von Genua, eins aus Gallipoli und eins aus Barbados. Angeblich haben wir einige der holländischen Ostindienschiffe aufgebracht.

23. August 1667: Im Schatzamt die Anleihelisten angesehen. Bis 5 Pfund herunter haben die Leute gezeichnet. Das ist armselig. Ich werde 300 Pfund zeichnen, obwohl mir das gegen den Strich geht.

24. August 1667: Heute morgen wurde der Friedensschluß verkündet. Der König gibt bekannt, daß er jedem, der ihm Geld leiht, 10 Prozent gibt. Keine Freudenfeuer, weil sie so kostspielig sind und weil niemand mit dem Frieden so recht zufrieden ist. Habe in letzter Zeit so viele Theaterstücke gesehen, daß ich ganz übersättigt bin und bis Michaeli nicht ins Theater gehen werde.

25. September 1667: Ich stelle fest, daß zur Ehre der Stadt London nicht ein einziger ihrer Bürger bankrott gegangen ist, trotz Krieg, Pest und Feuer.

10. Oktober 1667: Bei meinem Vater im Garten das Gold wieder ausgegraben. Konnten es zuerst nicht finden, stellten dann fest, daß es überall verstreut war, es fehlten etwa hundert Goldstücke, die sich aber bis auf wenige allmächlich fanden. Regte mich darüber sehr auf und stellte fest, daß es ebenso mühsam ist, Geld aufzubewahren wie Geld zu verdienen.

Erich Kästner

Fabian *aus dem gleichnamigen Roman von Erich Kästner ist ein bunter Vogel: Es gibt kaum einen Beruf, den er nicht schon ausgeübt hätte, immer weiß er eine kühne Story zu erzählen, Verlegenheit kennt er nicht, auch in der verzwicktesten Situation nicht. – Im folgenden treffen wir Fabian auf Probe in der Werbe-Abteilung eines Zeitungsimperiums an, und während er seinen Kollegen verulkt, betreibt er gleichzeitig aktive Karriereplanung gegenüber seinem Direktor: indem er sogar die Interessen der Groß-Aktionäre des Konzerns stets im Auge behält…*

Fabian rollte ein Plakat auf, befestigte es mit Reißzwecken an der Wand, stellte sich in die entlegendste Zimmerecke und starrte das Plakat an, das mit einer Fotografie des Kölner Domes und einer vom Plakathersteller daneben errichteten, dem Dom an Größe nichts nachgebenden Zigarette bedeckt war. Er notierte: »Nichts geht über … So groß ist… Turmhoch über allen… Völlig unerreichbar…« Er tat seine Pflicht, obwohl er nicht einsah, wozu.

Fischer fand keinen Reim und keine Ruhe. Er fing eine Unterhaltung an.

»Bertuch erzählt, es stünden wieder Kündigungen bevor.«

»Schon möglich«, sagte Fabian.

»Was fangen Sie an«, fragte der andere, »wenn man Sie hier vor die Tür setzt?«

»Denken Sie, ich habe mein Leben seit der Konfirmation damit verbracht, gute Propaganda für schlechte Zigaretten zu machen? Wenn ich hier fliege, suche ich mir einen neuen Beruf. Auf einen mehr oder weniger kommt es mir nicht mehr an.«

»Erzählen Sie mir mal was von sich«, bat Fischer.

»Während der Inflation habe ich für eine Aktiengesellschaft Börsenpapiere verwaltet. Ich mußte jeden Tag zweimal den Effektivwert der Papiere ausrechnen, damit die Leute wußten, wie groß ihr Kapital war.«

»Und dann?«

»Dann habe ich mir für etwas Valuta einen Grünwarenladen gekauft.«

»Warum gerade einen Grünwarenladen?«

»Weil wir Hunger hatten! Überm Schaufenster stand: Doktor Fabians Feinkosthandlung. Frühmorgens, wenn es noch dunkel war, zogen wir mit einem wackligen Handwagen in die Markthalle.«

Fischer stand auf. »Wie? Doktor sind Sie auch?«

»Ich machte die Prüfung in dem gleichen Jahr, in dem ich beim Messeamt als Adressenschreiber angestellt war.«

»Wie hieß denn Ihre Dissertation?«

»Sie hieß Hat Heinrich von Kleist gestottert?. Erst wollte ich an Hand von Stiluntersuchungen nachweisen, daß Hans Sachs Plattfüße gehabt hat. Aber die Vorarbeiten dauerten zu lange. Genug. Dichten Sie lieber!« Er schwieg und ging vor dem Plakat auf und ab. Fischer schielte neugierig zu ihm. Doch er wagte nicht, das Gespräch zu erneuern. Seufzend drehte er sich im Stuhl herum und musterte seine Reimnotizen. Er beschloß, Brauchen auf Rauchen zu reimen, glättete das Schreibpapier, das vor ihm lag, und kniff, der Inspiration vertrauend, die Augen zu.

Aber da klingelte das Telefon. Er hob ab und sagte: »Ja, ist hier. Einen Augenblick, Doktor Fabian kommt sofort.« Und zu Fabian meinte er: »Ihr Freund Labude.« Fabian nahm den Hörer. »Tag, Labude, was gibt's?«

»Seit wann betiteln sich die Zigarettenfritzen?« fragte der Freund.

»Ich habe aus der Schule geplaudert.«

»Geschieht dir recht. Kannst du heute zu mir kommen?«

»Ich komme.«

»In Wohnung Nummer zwei. Auf Wiedersehen.«

»Auf Wiedersehen, Labude.« Er hängte ab. Fischer hielt ihn am Ärmel fest.

»Dieser Herr Labude ist doch Ihr Freund. Warum nennen Sie ihn eigentlich nicht beim Vornamen?«

»Er hat keinen«, meinte Fabian. »Die Eltern baben seinerzeit vergessen, ihm einen zu geben.«

»Er hat überhaupt keinen Vornamen?«

»Nein, denken Sie an! Er will sich seit Jahren nachträglich einen beschaffen. Aber die Polizei erlaubt es nicht.«

»Sie veralbern mich ja«, rief Fischer gekränkt.

Fabian klopfte ihm anerkennend auf die Schulter und sagte: »Sie merken alles.« Dann widmete er sich von neuem dem Kölner Dom, schrieb ein paar Schlagzeilen auf und brachte sie zu Direktor Breitkopf.

»Sie können sich mal ein kleines, hübsches Preisausschreiben ausdenken«, meinte der Direktor. »Ihr Prospekt für Detailhändler hat uns ganz gut gefallen.«

Fabian verbeugte sich leicht.

»Wir brauchen etwas Neues«, fuhr der Direktor fort. »Ein Preisausschreiben oder was Ähnliches. Es darf aber nichts kosten, verstehen Sie? Der Aufsichtsrat hat schon neulich geäußert, er müsse den Reklame-Etat möglicherweise um die Hälfte reduzieren. Was das für Sie bedeuten würde, können Sie sich denken. Ja? Also, junger Freund, an die Arbeit! Bringen Sie mir bald was

Neues. Ich wiederhole aber: So billig wie möglich. 'n Morgen.« …

»Einen Moment, Herr Direktor«, sagte Fabian. »Ich danke Ihnen für die Chance. Noch lieber würde ich als Propagandist arbeiten. Man könnte beispielsweise eine Beratungsstelle für Inserenten einrichten, der Kundschaft zugkräftige Texte vorschlagen und eventuell ganze Werbefeldzüge organisieren. Man könnte die Auflageziffer des Blattes durch geschickte und systematische Reklame vorteilhaft beeinflussen. Man könnte, in Kompagnie mit Großinserenten, lohnende Preisausschreiben durchführen. Man könnte für die Abonnenten Boxabende und ähnliche Volksfeste veranstalten.«

Der Direktor hörte aufmerksam zu. Dann sagte er: »Unsere Großaktionäre sind nicht für die Berliner Methoden.«

»Aber die Herren sind dafür, daß die Auflageziffer wächst!«

»Nicht mit Hilfe von Fisimatenten«, erklärte der Direktor. »Immerhin, ich werde mit unserem Insertionschef sprechen. In bescheidener Dosierung sollte man vielleicht doch Maßnahmen ergreifen, denen wir uns auf die Dauer nicht völlig entziehen werden können. Kommen Sie morgen um elf wieder. Ich will sehen, was ich tun kann. Bringen Sie ein paar Arbeiten mit. Und Zeugnisse, falls Sie solches Gemüse auf Lager haben.«

Fabian stand auf und bedankte sich für das erwiesene Interesse.

»Wenn wir Sie engagieren«, sagte der Direktor, »erwarten Sie keine phantastischen Summen. Zweihundert Mark sind heute sehr viel Geld.«

»Für die Angestellten?« fragte Fabian neugierig.

»Nein«, sagte der Direktor, »für die Aktionäre.«

Theodore Dreiser

Mit einer blenderischen Spende für die Universität führt sich der Geschäftsmann Frank Algernon Cowperwood in die Geldwelt Chicagos ein. Die Stadt entwickelt sich zwischen 1840 und 1870 explosionsartig, und Theodore Dreiser – 12. Kind eines aus Süddeutschland in die USA eingewanderten Hüttenverwalters; Journalist und Erzähler – hat in mehreren Romanen das Herz dieser Entwicklungen geschildert: Der Roman **Der Titan** *ist Band Zwei einer gewaltigen Wirtschaftsgeschichte, in welcher das Emporkommen der mächtigen amerikanischen Tycoons erzählt wird. In der Figur Cowperwoods wurde sofort nach Erscheinen des ersten der drei Bände 1912 (Der Finanzier, Der Titan, Der Stoiker lauten die drei Titel) ein gewisser Charles Tyson Yerkes erkannt: Er hatte als Spekulant, Finanzmann und Mäzen von Kunst und Wissenschaften Furore gemacht, nachdem er die gigantischen U-Bahn- und Gasrohr-Netze nicht nur Chicagos monopolistisch aufgebaut und unternehmerisch ausgeschöpft hatte*

Nachdem es Cowperwood gelungen war, sich mit seiner scheinbaren Spende von dreihunderttausend Dollar für ein Teleskop Geld zu verschaffen, verhielten sich seine Feinde eine Weile ruhig, aber nur, weil ihnen nichts einfiel, womit sie ihn vernichten könnten. Die öffentliche Meinung, von der Presse gelenkt, war noch immer gegen ihn. Da aber seine Konzessionen noch acht bis zehn Jahre liefen, konnte er inzwischen versuchen, sich unangreifbar zu machen. Einstweilen war er damit beschäftigt, mit seinem Stab von Ingenieuren, Direktoren und

Anwälten in rasendem Tempo seine verschiedenen Hochbahnlinien zu errichten. Zur gleichen Zeit führte er durch Videra, Kaffrath und Addison einen Plan aus, den Chicagoer Lokalbanken – und zwar gerade den Banken, die ihm am meisten feindlich gesinnt waren – Gelder auf Abruf zu leihen, so daß er im Falle einer Krise zurückschlagen konnte. Durch Manipulation der ungeheuren Mengen von Aktien und Obligationen, über die er jetzt Herr war, verdiente er Geld im Handumdrehen. Sein Grundsatz war, jedem Aktionär, der seine Aktien nur als Außenseiter erworben hatte, nicht mehr als sechs Prozent zu zahlen, und das wurde sehr einträglich für ihn. Denn wenn seine Aktien mehr einbrachten, dann gab er neue heraus, verkaufte sie an der Börse und steckte die Differenz in die eigene Tasche. Auch aus den Kassen seiner verschiedenen Unternehmungen zog er gewaltige Summen, angeblich als kurzfristige Darlehen, die er dann von seinen ergebenen Dienern für »Bauten«, »Ausrüstungen« und »laufende Kosten« verrechnen ließ. Er war ein schlauer Wolf, der seine Raubzüge in einem selbstgeschaffenen Wald unternahm.

Die schwache Seite des ganzen Hochbahnprojekts war, daß es eine Zeitlang keinen Ertrag geben konnte. Gerade seine Konkurrenz mußte den Wert der Straßenbahnlinien mindern. Cowperwoods Anteile an diesen wie an den Aktien der Hochbahnen war ungeheuer groß. Wenn sie durch irgendeinen Zufall im Preise sinken sollten, würden riesige Bestände von allen diesen Papieren aus anderem Besitz auf den Markt geworfen werden; sie würden den Preis noch weiter drücken, und er wäre dann gezwungen, einzugreifen und sie zu kaufen. Darum begann er nun mit der peinlichsten Sorgfalt, sich für diesen Fall der Not eine Reserve in Staatspapieren anzulegen. Es sollten mindestens acht bis neun Millionen Dollar sein, denn er befürchtete nicht nur finanzielle Krisen, sondern auch finanzielle Gegenmaßnahmen, und wo soviel auf dem Spiele stand, wollte er sich nicht überraschen lassen.

Zu der Zeit, als Cowperwood mit der Erbauung der Hochbahn begann, lagen keine Anzeichen einer drohenden Depression auf dem amerikanischen Geldmarkt vor, doch dauerte es nicht lange, bis sich eine neue Schwierigkeit ergab. Es war damals die Epoche, da die Trusts sich in ihrer ganzen wässrigen Herrlichkeit entfalteten. Kohle, Eisen, Stahl, Maschinen und eine ganze Anzahl von anderen Bedarfsgegenständen waren schon vertrustet, während andere, wie Leder, Schuhe, Tauwerk und dergleichen fast stündlich in die Hände von gerissenen und rücksichtslosen Männern fielen. Schon sahen in Chicago Schryhart, Hand, Arneel, Merrill und eine Menge anderer in der Beteilung an solchen Unternehmungen, die viel Bargeld forderten, einen Weg zu erstaunlichem Verdienst. Die geringeren Magnaten wiesen sie nur zu gern auf solche Möglichkeiten hin und waren mit einem Anteil an den Überresten zufrieden, die von dem Tische der Reichen fielen. Andererseits breitete sich in der Nation immer mehr das Gefühl aus, daß es ganz oben eine Gruppe von Riesen, von Titanen gäbe, die, ohne Herz und Seele und ohne Verständnis und Mitgefühl für die Lage der großen Masse, darauf ausgingen, sie zu fesseln und zu versklaven. Die große Masse, die sich in Unwissenheit und Armut wand, verlangte schließlich mit leidenschaftlicher Wut nach dem Allheilmittel eines politischen Führers aus dem Westen. Dieser moderne Prophet sah, daß Gold immer seltener wurde und daß Bargeld und Kredit des ganzen Landes in die Hände von wenigen Männern gerieten, die alles zu ihrem eigenen Nutzen verwendeten.. Er schloß daraus, daß ein stärkerer Umlauf an flüssigem Geld nötig sei, um den Kredit zu erleichtern und das Geld für die Zin-

sen zu verbilligen. Silber, das im Überfluß in den Minen vorhanden war, sollte deshalb als Münze im Maßstab von sechzehn Silberdollar zu einem Golddollar in Umlauf gebracht und diese Parität der beiden Metalle durch Regierungsbeschluß festgelegt werden. Nie wieder durfte es möglich sein, daß ein paar Männer das Zahlungsmittel des Volkes als Waffe zu seinem Schaden benutzten. Es mußte reichlich genug Geld geben, das der Kontrolle der Zentralbanken und der Männer, die sie beherrschten, entzogen war. Das Ganze war ein herrlicher Traum, eines milden Herzens würdig, der aber Anlaß zu einem alsbald drohenden und dann auch beginnenden Kampf um die politische Herrschaft im Staate wurde. Die Finanzkreise, die die Gefahr einer Umwälzung hinter den Theorien des neuen politischen Führers witterten, begannen ihn und den Teil der Demokraten, der ihn unterstützte, zu bekämpfen. Die große Masse beider Parteien, die mehr oder weniger Hungrigen und Durstigen, die überall die unterste Schicht bilden, begrüßten ihn als einen vom Himmel gesandten Erlöser, als einen neuen Moses, der sie aus der Wüste von Armut und Elend herausführen sollte. Wehe dem Führer, der eine neue Befreiungslehre verkündet und aus der Güte seines Herzens ein Allheilmittel für menschliches Elend anbietet. Die Dornenkrone wird sein Lohn sein.

Cowperwood war wie alle reichen Leute gegen diese, wie ihm schien, hirnverbrannte Idee, eine Parität zwischen Gold und Silber gesetzlich festzulegen. Er nannte sie eine Konfiskation – eine Konfiskation des Reichtums der wenigen zum Vorteil der vielen. Vor allem aber war er dagegen, weil er befürchtete, daß aus dieser sichtlich wachsenden Unruhe ein Klassenkampf entstehen könnte, in dem niemand mehr Investitionen vornehmen, sondern jeder sein Geld in den Kassetten verschließen würde. Und sofort begann er kürzer zu treten, nur noch in den allersichersten Papieren Geld anzulegen und alle schwächeren zu verkaufen.

Um aber seinen laufenden Verpflichtungen nachzukommen, mußte er hier und da große Summen leihen, und dabei fiel ihm bald auf, daß die von seinen Feinden beherrschten Banken in Chicago und anderswo bereit waren, seine verschiedenen Aktien als Sicherheit anzunehmen, vorausgesetzt, daß er mit Darlehen auf Abruf zufrieden war. Er ging gern darauf ein, vermutete aber sofort einen Plan von Hand, Schryhart, Arneel und Merrill, ihn bei einer größeren Verlegenheit durch plötzlichen gemeinschaftlichen Abruf der Darlehen zu ruinieren. »Ich bin mir ganz klar, worauf die Gesellschaft hinauswill«, bemerkte er in dieser Zeit einmal zu Addison. »Na, sie werden aber recht früh aufstehen müssen, wenn sie mich überrumpeln wollen.«

Sein Verdacht war tatsächlich berechtigt. Schryhart, Hand und Arneel, die ihn durch ihre Agenten und Makler überwachten, hatten bald bemerkt – es war noch während der ersten Phasen der Silber-Agitation und bevor der richtige Sturm losbrach –, daß er in New York, in London, in gewissen Kreisen von Chicago und anderswo Geld lieh. »Es scheint mir«, sagte Schryhart eines Tages zu seinem Freund Arneel, »als ob unser Freund sich etwas zu tief eingelassen hätte. Er hat sich zu weit vorgewagt, und diese Hochbahnpläne fressen zuviel Kapital. Nächsten Herbst kommt eine Neuwahl, und er weiß, daß wir bis aufs Messer kämpfen werden. Er braucht auch Geld für die Elektrifizierung seiner Strassenbahnlinien. Wenn wir genau feststellen könnten, wie er dasteht und wo er geborgt hat, dann wüßten wir, was wir zu tun hätten.«

»Wenn ich mich nicht sehr irre«, erwiderte Arneel, »dann steckt er in einer schönen Klemme oder steht dicht davor. Diese Silber-Agitation macht die Aktien flau und das Geld knapp. Ich schlage vor, daß unsere Banken hier ihm so viel Geld auf Abruf leihen, wie er nur haben will. Wenn die Zeit kommt und er nicht vorbereitet ist, dann setzen wir ihn fest wie eine Maus in der Falle. Wenn es uns noch gelingt, anderswo Darlehen von ihm aufzukaufen – um so besser.«

Mr. Arneel sagte das ohne Bitterkeit oder Spott. In einer Stunde der Gefahr, die vielleicht jetzt bald herannahte, würde man Mr. Cowperwood Rettung versprechen unter der Bedingung, daß er für immer Chicago verließ. Es gab schon Leute, die sein Eigentum im Interesse der Stadt und einer ehrlichen Regierung übernehmen und es entsprechend verwalten würden.

Unglücklicherweise hatten sich die Herren Hand, Schryhart und Arneel selbst gerade um diese Zeit in ein Unternehmen eingelassen, dem die drohende Silber-Agitation nur Übles bringen konnte. Es handelte sich um etwas so Einfaches wie Zündhölzer, eine Ware, die wie so mache andere vertrustet war und einen schönen Profit brachte. »American Match« war eine Aktie, die schon auf jeder Börse gehandelt wurde und damals stetig auf etwa hundertzwanzig stand.

Es waren die Herren Hull und Stackpole, zwei frühere Bankiers und Makler, die zuerst die geniale Idee einer Vereinigung aller Streichholzkonzerne und eines Handelsmonopols für Amerika gehabt hatten. Mr. Phineas Hull war ein kleiner, berechnender, an ein Frettchen erinnernder Mann mit spärlichem staubbraunem Haar und einem Augenlid, dem rechten, das etwas gelähmt war und schwer herabhing, was ihm ein charaktervolles, manchmal aber auch etwas finsteres Aussehen gab.

Sein Partner, Mr. Benoni Stackpole, war früher einmal Kutscher bei der Überlandpost in Arkansas und dann Pferdehändler gewesen. Er war ein energischer und scharf rechnender Mann – groß, ölig, ränkevoll und mutig. Ohne die hohe geistige Kraft von Männern wie Arneel, Hand und Merrill zu erreichen, war er doch einfallsreich und tüchtig. Er hatte die Jagd nach dem Geld etwas spät begonnen, aber jetzt war er mit ganzer Kraft dabei, den von ihm mit Hilfe von Hull ersonnenen Plan durchzuführen. Begeistert von dem Gedanken an grossen Reichtum, hatten sie sich zuerst die Herrschaft über die Aktien einer Streichholzfabrik gesichert und sich in die Lage versetzt, mit den Inhabern anderer Unternehmungen verhandeln zu können. Die Patente und besonderen Fabrikationsverfahren der einzelnen Gesellschaften wurden miteinander verbunden und das Gebiet immer mehr ausgedehnt.

Aber zu allem war sehr viel Geld nötig gewesen, viel mehr, als Hull oder Stackpole besaßen. Leute vom Westen, sahen sie sich zuerst nach westlichem Kapital um und wendeten sich nacheinander an Hand, Schryhart, Arneel und Merrill, denen sie große Posten der neuen Aktien zu Vorzugspreisen verkauften. Mit den dadurch erlangten Mitteln ging die Vereinigung rasch voran. Patente für Sonderverfahren wurden von allen Seiten übernommen und der Gedanke, nach Europa überzugreifen und womöglich den Weltmarkt zu beherrschen, tauchte auf. Zu gleicher Zeit kamen ihre großmächtigen Geldgeber jeder für sich auf den Gedanken, wie schön es wäre, wenn ihre Aktien, die sie zu fünfundvierzig gekauft hatten und die jetzt im freien Handel auf hundertzwanzig standen, auf dreihundert steigen würden, wohin sie, wenn ihre Monopolträume sich erfüllten, eigentlich gehörten. Ein wenig mehr von diesem Papier, dessen glänzender Aufstieg sicher schien, würde nichts schaden. Und so begannen diese einzelnen Kapitalisten einen stillen Kampf, um so viel davon anzusammeln, daß sie bei weiterem Steigen ein wahres Vermögen gewinnen mußten.

Solch ein Spiel ist aber niemals durchzuführen, ohne daß auch die übrigen finanziellen Gruppen erfahren, daß etwas vorgeht. So bildeten sich in eingeweihten Maklerkreisen bald Gerüchte, daß eine riesige Hausse in American Match bevorstehe. Cowperwood erfuhr davon durch Addison, der immer im Zentrum finanzieller Gerüchte stand, und so kauften sie beide große Posten, aber nicht so viel, daß sie nicht jederzeit mit wenigstens einem kleinen Gewinn aussteigen konnten. Während eines Zeitraums von acht Monaten gingen die Aktien auch langsam in die Höhe, stiegen über zweihundert und erreichten zweihundertzwanzig, worauf sowohl Addison wie Cowperwood verkauften und sich in den Gewinn von fast einer Million teilen konnten.

Inzwischen zogen sich die schon längst drohenden politischen Sturmwolken dichter zusammen. Anfangs so klein, daß man sie kaum beachtete, vergrößerten sie sich schnell in den letzten Monaten des Jahres 1895 und standen im Frühjahr 1896 unheilschwanger am Himmel, dem Ausbruch nahe. Als dann die Krise im Juli mit der Aufstellung des »Apostels des freien Silbers« als Kandidat für das Amt des Präsidenten der Vereinigten Staaten ihren Höhepunkt erreichten, legte sich eine eisige Starre über die Konservativen und die Finanzkrise des Landes. Was Cowperwood klugerweise schon vor Monaten vorher durchgeführt hatte, das begannen jetzt andere, weniger Weitblickende von Maine bis Kalifornien und vom Golf bis nach Kanada gleichfalls zu tun. Die Bankguthaben wurden zum Teil zurückgezogen, schwache und unsichere Papiere auf den Markt geworfen. Mit einem Male sahen sowohl Schryhart wie Arneel, Hand und Merrill, daß sie mit ihrem großen Besitz an American Match mehr oder weniger in der Falle saßen. Nachdem sie von diesem Papier, das millionenfach ausgegeben war, so große Mengen gekauft hatten, mußten sie jetzt entweder den Markt stützen oder mit Verlust verkaufen. Da viel Aktionäre Geld brauchten und diese Papier auf zweihundertzwanzig stand, liefen aus allen Teilen des Landes telegrafische Verkaufsaufträge an der Chicagoer Börse ein, wo das Papier ausgegeben worden war und offenbar ein Markt dafür existierte. Natürlich traten die Urheber des Geschäfts zu einer Beratung zusammen und beschlossen, den Kurs zu stützen. Die Herren Hull und Stackpole, nominell Leiter des Trusts, bekamen Aufträge, zu kaufen, und sie wieder wendeten sich an die Hauptbeteiligten, die dann ihre entsprechenden Anteile übernahmen. Hand, Schryhart, Arneel und Merrill, belastet mit dieser auf sie einströmenden Flut von Aktien, die sie zu zweihundertzwanzig übernehmen mußten, eilten damit zu ihren bevorzugten Banken, verpfändeten große Mengen zu hundertfünfzig und höher und benutzten das dadurch erhaltene Geld, um weitere Aktien zu bezahlen, die sie nun zu kaufen gezwungen waren.

Schließlich waren aber ihre bevorzugten Banken übersättigt und gefährlich belastet. Sie konnten nichts mehr aufnehmen.

»Nein, nein, nein!« sagte Hand telefonisch zu Phineas Hull. »Ich kann für das Unternehmen keinen Dollar mehr riskieren, und ich werde es auch nicht. Es ist ein gesundes Unternehmen, ich kenne seine Vorzüge genau wie Sie. Aber ich habe genug davon. Ich sage Ihnen, wir stehen vor einer großen Baisse. Daher kommen jetzt alle diese Papiere auf den Markt. Ich bin bereit, meine Interessen bis zu einer bestimmten Grenze zu decken. Wie ich Ihnen schon sagte, werde ich keine einzige Aktie von allen, die ich besitze, zum Verkauf bringen. Aber mehr kann ich nicht tun. Die anderen beteiligten Herren werden sich decken müssen, so gut sie können. Ich habe mich um andere Dinge zu kümmern, die für mich ebenso wichtig und wichtiger sind als American Match.«

Mr. Schryhart erging es ähnlich. Er strich sich seinen gekräuselten schwarzen Schnurrbart und überlegte, ob er nicht besser alles, was er an diesen Papieren besaß, abstoßen und auf diese Weise aussteigen sollte. Aber er fürchtete den Zorn Hands und Arneels, wenn er jetzt den Matkt sprengte und eine lokale Panik herbeiführte. Es war eine gefährliche Sache. Arneel und Merrill versprachen schließlich, ihren Besitz festzuhalten, aber wie sie Mr. Hull mitteilten, konnte sie nichts veranlassen, andere Aktien, die weiterhin auf den Markt kämen, auch noch aufzunehmen.

Die Herren Hull und Stackpole, beides ehrenwerte Männer, waren in dieser Krise natürlich in einer sehr gedrückten Stimmung. Bei weitem nicht so reich wie ihre hohen Gönner, sahen sie ihr Privatvermögen viel stärker bedroht, und sie schauten in einem so finstern Sturm eifrig nach einem schützenden Hafen aus. Kein Wunder, daß Benoni Stackpole schließlich auch im Büro von Frank Algernon Cowperwood erschien. Er wußte sich keinen Rat mehr, und Cowperwood war der einzige wirklich reiche Mann in der Stadt, der sich bisher noch nicht an dieser Spekulation beteiligt hatte. Am Anfang hatten ihm sowohl Hand wie Schryhart gesagt, daß sie sich nicht beteiligen würden, wenn Cowperwood in irgendeiner Form, Art oder Weise dabei war. Aber das war vor einem Jahr gewesen, und Schryhart und Hand überließen ihn und seinen Partner jetzt sozusagen ihrem Schicksal. Sie durften gegen seine Verhandlung mit Cowperwood in einer solchen Krise nichts einwenden, wenn er sich dagegen sicherte, daß ihn der Magnat nicht dabei hineinlegte. Mr. Stackpole, sechs Fuß und einen Zoll hoch, wog zweihundertdreißig Pfund, wie er da stand. Er war mit einem braunleinenen Anzug bekleidet und trug einen Strohhut, denn es war Ende Juli, und er hatte seine leidigen Aktien nebst einem Palmblattfächer in einer kleinen gelben Ledertasche. Er war schweißbedeckt und in düsterer Stimmung. Er sah sich vor dem Zusammenbruch – einem Riesenzusammenbruch. Wenn die American Match unter zweihundert fiel, dann konnte er sein Geschäft als Bankier und Makler schließen, und nach allem, was er auf sich genommen hatte, würden er und Hull einen Bankrott mit einem Fehlbetrag von ungefähr zwanzig Millionen Dollar machen. Die Herren Hand, Schryhart, Arneel und Merrill würden zusammen etwa sechs bis acht Millionen verlieren und die Lokalbanken in einem ähnlichen Verhältnis, wenn es auch bei ihnen nicht ganz so schlimm stand, denn sie hatten die Papiere ja zu hundertfünfzig beliehen und mußten nur den Betrag opfern, um den die Aktien noch darunter sanken.

Cowperwood betrachtete den Eintretenden mit einem zweideutigen Blick, denn er wußte wohl, was jetzt kommen würde. Erst vor wenigen Tagen hatte er Addison den bevorstehenden Zusammenbruch vorausgesagt.

»Mr. Cowperwood«, begann Stackpole, »ich habe hier in dieser Tasche fünfzehntausend Aktien von American Match, Nennwert anderthalb Millionen Dollar, Marktwert gegenwärtig drei Millionen dreihunderttausend, und jede Aktie ist ihre dreihundert Dollar und mehr wert. Ich weiß nicht, inwieweit Sie die Entwicklung von American Match verfolgt haben. Wir besitzen alle Patente für arbeitsparende Maschinen und, was noch mehr ist, wir stehen jetzt gerade dicht vor Abschlüssen mit Italien und Frankreich, um ihnen unsere Maschinen und Herstellungsmethoden für jährlich beinahe eine Million Dollar für jedes Land zu verpachten. Wir unterhandeln noch mit Österreich und England und werden natürlich später auch mit den anderen Ländern abschließen. Die American Match Company wird noch einmal die Streichhölzer für die ganze Welt anfertigen, gleichgültig, ob ich dabei bleibe oder nicht. Nun hat uns diese Silber-Agitation gerade auf hoher See überrascht, und wir haben einige Schwierigkeiten, den Sturm zu überstehen. Ich bin vollkommen aufrichtig, wenn es um vertrauliche Geschäftsverbindungen dieser Art geht, und ich erzähle Ihnen offen, wie die Dinge stehen. Wenn wir uns durch dieses Stück rauhe See hindurchschaukeln können, das durch die Silber-Agitation entstanden ist, dann werden unsere Aktien bis spätestens Anfang des nächsten Jahres auf dreihundert steigen. Wenn Sie sie also nehmen wollen, dann können Sie sie auf der Stelle für hundertfünfzig Dollar haben – vorausgesetzt, daß Sie versprechen, vor Anfang Dezember keine davon wieder auf den Markt zu werfen. Oder aber, wenn Sie keine Lust haben, das zu versprechen,« – er schwieg und versuchte in den undurchdringlichen Zügen Cowperwoods zu lesen – »dann leihen Sie mir hundertfünfzig Dollar auf jede Aktie für mindestens dreißig Tage gegen zehn oder fünfzehn Prozent oder was Sie sonst an Zinsen verlangen.«

Cowperwood legte die Finger ineinander und drehte die Daumen, während er diesen neuen Beweis der Schwierigkeit und Unsicherheit des Erdendaseins bedachte. Zeit und Gelegenheit kommen sicherlich für jeden, und hier sah er eine Möglichkeit, es denen, die ihn so gequält hatten, heimzuzahlen. Wenn er diese Aktien zu hundertfünfzig belieh und sie schnell wieder zu zweihundertzwanzig oder darunter verkaufte, dann warf er ihnen damit die American Match in Trümmern vor die Füße. Bei einem Stand von hundertfünfzig oder weniger konnte er die Aktien zurückkaufen, den Verdienst einstecken, sein Geschäft mit Mr. Stackpole abschließen, wobei er noch obendrein die Zinsen bekam – und sich eins lachen wie die wohlgenährte Katze im Märchen. Es war so einfach wie das Daumendrehen, womit er sich gerade beschäftigte.

»Wer hat denn hier in Chicago außer Ihnen und Mr. Hull diese Aktien gestützt?« fragte er freundlich. »Ich glaube, mir sind die Herren schon bekannt, aber ich möchte gern Gewißheit haben, wenn es Ihnen recht ist.«

»Oh, durchaus, durchaus«, antwortete Mr. Stackpole entgegenkommend. »Mr. Hand, Mr. Schryhart, Mr. Arneel und Mr. Merrill.«

»Das habe ich auch vermutet«, meinte Cowperwood leichthin. »Sie können nun nichts mehr übernehmen, nicht wahr? Sie haben genug?«

»Genug!« stimmte Mr. Stackpole trübe zu. »Aber eine Bedingung muß ich machen, wenn ich ein Darlehen auf diese Aktien annehme. Kein Stück darf auf den Markt geworfen werden oder wenigstens nicht, bevor ich mich unfähig zur Rückzahlung der Darlehen erklärt haben. Zwischen Ihnen und Mr. Hand und den anderen erwähnten Herren sollen ja kleine Differenzen bestehen. Aber, wie ich schon gesagt habe – und ich rede jetzt ganz offen –, ich bin in einer Klemme, und im Sturm ist jeder Hafen recht. Wenn Sie mir also helfen wollen, dann werde ich Ihnen so gute Bedinungen bieten, wie ich nur kann, und ich werde Ihnen Ihre Freundlichkeit auch nicht vergessen.«

Er öffnete die Tasche und begann die Papiere herauszunehmen. Es waren lange, grünlichgelbe Bündel, in der Mitte durch dicke Gummibänder fest zusammengehalten. Jedes Bündel enthielt tausend Aktien. Als Stackpole sie zu Cowperwood hinschob, nahm dieser sie und hielt sie abwägend in der Hand.

»Es tut mir leid, Mr. Stackpole«, sagte er mitfühlend nach einem Augenblick scheinbaren Nachdenkens, »aber ich kann Ihnen in der Angelegenheit unmöglich helfen. Ich bin zu sehr in andere Dinge verstrickt und gebe mich auch nicht oft mit Börsenspekulationen ab. Ich hege keinen Groll gegen irgendeinen der von Ihnen genannten Herren, es ist überhaupt nicht meine Art, jedem zu vergelten, der mich nicht leiden kann. Natürlich könnte ich diese Aktien ankaufen und sie morgen auf den Markt werfen, aber so etwas tue ich nicht. Ich wünschte nur, ich könnte Ihnen helfen, und wenn ich sie mit Sicherheit drei oder vier Monate halten könnte, täte ich es auch. Aber so...« Er erhob mitfühlend seine Augenbrauen. »Sind Sie denn schon bei allen Banken in der Stadt gewesen?«

»So ziemlich bei allen.«

»Und sie können ihnen nicht helfen?«

»Sie sind alle so hoch belastet, wie sie es nur aushalten können.«

»Schade, es tut mir leid. Übrigens – kennen Sie zufällig Mr. Millard Bailey oder Mr. Edwin Kaffrath?«

»Nein, die kenne ich nicht«, antwortete Stackpole mit neuer Hoffnung.

»Nun, diese beiden Männer sind viel reicher, als man allgemein annimmt. Sie haben häufig sehr große Summen zu ihrer Verfügung, und Sie können sie jedenfalls einmal aufsuchen. Dann wäre da noch mein Freund Videra. Ich weiß nicht, wie es im Augenblick mit ihm steht. Sie finden ihn immer in der Bank des zwölften Bezirks. Vielleicht ist er geneigt, einen größeren Posten zu übernehmen – ich weiß es nicht. Jedenfalls ist er vermögender, als die meisten Leute anzunehmen scheinen. Es wundert mich, daß man Ihnen noch nicht einen von diesen Herren empfohlen hat.« (In Wirklichkeit hätte natürlich niemand von diesen Herrschaften Lust gehabt, auch nur einen Dollar auf jene Papiere zu leihen, außer in Cowperwoods Auftrag. Aber das konnte Stackpole nicht wissen, da ihre engen Beziehungen zu dem Finanzmagnaten nicht allgemein bekannt waren.)

»Ich danke Ihnen sehr, ich werde hingehen«, sagte Stackpole und steckte seine unwillkommenen Papiere wieder in die Tasche.

Cowperwood, der eine bewundernswerte Liebenswürdigkeit zur Schau trug, rief seine Sekretärin und ließ zum Schein für seinen Gast die Privatanschriften der Herren heraussuchen. Dann verabschiedete er sich von Mr. Stackpole mit ermutigenden Worten. Dieser bedrängte Unternehmer entschloß sich, nicht nur Bailey und Kaffrath, sondern auch Videra aufzusuchen, aber während er noch zum Geschäft Baileys hinfuhr, hatte Cowperwood diesen schon telefonisch erreicht.

»Hören Sie, Bailey«, sagte er, als er die Verbindung mit dem reichen Holzhändler hergestellt hatte, »Benoni Stackpole von der Firma Hull & Stackpole war gerade bei mir.«

»Ja.«

»Er hat fünfzehntausend Aktien von American Match bei sich, Nennwert hundert, heutiger Börsenkurs zweihundertzwanzig.«

»Ja.«

»Er möchte das ganze Paket oder einen Teil davon zu hundertfünfzig beliehen haben.«

»Ja.«

»Sie kennen doch die Schwierigkeiten der American Match, nicht wahr?«

»Nein, ich weiß nur, daß sie durch eine Hausse-Spekulation so hochgetrieben wurden.«

»Nun, dann hören Sie. Mit dem Emportreiben ist es vorbei. Die American Match bricht zusammen.«

»Ja.«

»Aber ich möchte, daß Sie diesem Mann fünfhunderttausend Dollar zu hundertzwanzig oder weniger leihen und ihn mit dem Rest zu Edwin Kaffrath oder Anton Videra schicken.«

»Aber, Frank, ich habe keine fünfhunderttausend Dollar übrig. Sie sagen doch, daß die American Match zusammenbricht.«

»Ich weiß, daß Sie sie nicht haben. Aber senden Sie den Scheck an die Chicago Trust Company, Addison wird ihn einlösen. Die Aktien schicken Sie mir, und im übrigen kümmern Sie sich nicht mehr um die Sache. Ich werde das schon machen. Unter keinen Umständen erwähnen sie aber meinen Namen, und greifen Sie auch nicht zu schnell zu. Gehen Sie nicht höher als Hundertzwanzig, verstehen Sie? Bleiben Sie lieber darunter, wenn Sie können. Sie erkennen doch meine Stimme?«

»Gewiß.«

»Kommen Sie nachher zu mir, wenn Sie Zeit haben, und erzählen Sie mir, was draus geworden ist.«

»Wird gemacht«, meinte Mr. Bailey geschäftsmäßig. Cowperwood rief dann Mr. Kaffrath an. Nachdem er mit diesem und mit Videra ähnliche Verabredungen getroffen hatte, war binnen drei viertel Stunden für Mr. Stackpoles Rundfahrt vorgesorgt. Er bekam sein Geld zu hundertfünfzig und darunter. Schecks auf verschiedene Banken wurden ausgeschrieben, nicht auf die Chicago Trust Company, und Cowperwood sorgte unauffällig dafür, daß sie sofort honoriert wurden, ob das Geld da war oder nicht. Die beliehenen Aktien ließ er sich in jedem Falle zusenden. Dann, als sein kleines Programm abgewickelt war und die bezogenen Banken wußten, daß die fraglichen Schecks von ihm und seinen Leuten gedeckt wurden, setzte er sich ruhig hin und wartete auf die Ankunft seiner Gefolgsleute und das Verschwinden der Aktien in seinem Privatsafe.

(deutsch von Wilhelm Cremer)

Bret Easton Ellis

Der junge Amerikaner Ellis war schon mit kleineren Texten aufgefallen, als er 1993 über Nacht zum Bestseller-Autor avancierte: Sein Roman **American Psycho** *schildert ebenso scham- wie schonungslos einen Soziopathen und grausamen Serienmörder. Dieser lebt wie einst die gespaltene Persönlichkeit von Dr. Jeckyll alias Mr. Hyde: Während er tagsüber ein markenbewußter Yuppy und hochpokernder Optionshändler ist, schlachtet er nachts gruselig Menschen hin. – Wie sieht solch ein Outsider-Blick aus? Fahren wir ein Stück mit dem händlerischen Monster im Taxi, hinein in den Romananfang und hinein in die Welt des Optionshandels…*

»Ihr, die ihr hier eintretet, lasset alle Hoffnung fahren« ist in blutroten Lettern auf die Wand der Chemical Bank an der Ecke Eleventh und First geschmiert, so groß, daß man es auch vom Rücksitz des Taxis erkennen kann, das sich aus dem Verkehr der Wall Street vorarbeitet, und eben als Timothy Price die Schrift bemerkt, schiebt sich ein Bus neben uns, und eine Seitenwerbung für *Les Misérables* versperrt den Blick, aber Price, sechsundzwanzig und bei Pierce & Pierce, scheint das nicht zu kümmern, denn er verspricht dem Fahrer fünf Dollar, wenn er das Radio lauter stellt, »Be My Baby« auf WYNN, und der Fahrer, ein Schwarzer, ein Amerikaner, macht es.

»Ich bin einfallsreich«, sagte Price. »Ich bin kreativ, ich bin jung, skrupellos, hoch motiviert, hoch qualifiziert. Will sagen, die Gesellschaft kann es sich *nicht* leisten, mich zu verlieren. Ich bin ein echter *Aktivposten.*« Price regt sich wieder ab und starrt weiter aus dem schmutzigen Taxifenster, höchstwahrscheinlich auf das Wort FURCHT, das in Rot auf die Wand eines McDonald's an der Fourth und Seventh gesprüht ist. »Ich meine, Tatsache ist doch, daß sich niemand einen Dreck um seine Arbeit schert, jeder seinen Job haßt; *ich* hasse meinen Job, und *du* haßt deinen, hast du mir erzählt. Also, was soll ich machen? Zurück nach Los Angeles? Keine Alternative. Dafür bin ich nicht von der UCLA nach Stanford gewechselt. Ich meine, ich bin nicht der *einzige*, der findet, daß wir unterbezahlt sind?« Wie in einem Film erscheint ein weiterer Bus, die nächste Seitenwerbung für *Les Misérables* verdeckt das Wort – es ist nicht derselbe Bus, denn jemand hat LESBE auf Eponines Gesicht geschrieben. Tim platzt heraus: »Ich habe hier eine Eigentumswohnung. Ich habe ein Haus in der *Hamptons*, Herrgott noch mal.«

»Nicht du, Junge. Deine Eltern.«

»Ich kauf es ihnen gerade *ab*. Machen Sie das jetzt vielleicht bald *lauter*, verdammte Scheiße?« schnauzt er den Fahrer an, aber nur halbherzig, immer noch plärren die Crystals aus dem Radio.

»Nicht lauter gehen«, sagt der Fahrer möglicherweise.

Timothy ignoriert ihn und fährt gereizt fort: »Ich könnte weiter in dieser Stadt leben, wenn sie bloß Blaupunkt in die Taxis einbauen würden. Vielleicht das ODM III oder das ORC II Dynamic Tuning System?« Hier senkt sich seine Stimme: »Egal welches. Hip, alter Knabe. Sehr hip.«

Er nimmt den teuer aussehenden Walkman vom Hals, noch immer lammentierend: »Ich hasse es – wirklich, ich hasse es –, mich immer wieder über den Dreck zu beschweren, über den Müll, den Aussatz, darüber, wie zutiefst verkommen diese Stadt ist, und wir wissen *beide*, daß sie ein *Scheißhaufen* ist ...« Er redet weiter und öffnet dabei seinen neuen Tumi-Diplomatenkoffer aus Kalbsleder, den er bei D.F. Sanders gekauft hat. Er legt den Walkman neben ein westentaschengroßes, kabelloses, zusammenklappbares Panasonic-Portable Easaphone (früher hatte er das NEC 9000 Porta Portable) und zückt die heutige Tageszeitung. »In einer Ausgabe, in einer einzigen Ausgabe haben wir ... mal sehen ... erwürgte Models, Babies, die von Mietskasernendächern geworfen werden, in der U-Bahn getötete Kinder, Kommunisten, die sich zusammenrotten, einen umgelegten Mafia-Boss, Nazis« – erregt überfliegt er die Seiten – »Baseballspieler mit AIDS, noch mehr Mafia-Kram, Verkehrskollaps, die Obdachlosen, diverse Psychopathen, wie Fliegen in den Straßen sterbende Homos, Leihmütter, die Absetzung einer Soap Opera, Kinder, die in den Zoo eingebrochen sind und diverse Tiere bei lebendigem Leib gequält und verbrannt haben, noch mehr Nazis ... und der Witz, die Pointe ist, all das passiert in dieser einen Stadt – nirgendwo sonst, nur hier, es ist zum Kotzen, oh, warte, noch mehr Nazis, Verkehrskollaps, Verkehskollaps, Baby-Händler, Schwarzmarkt-Barbies, AIDS-Babies, Baby-Junkies, Haus über Baby eingestürtzt, Psychopathen-Baby, Verkehrskollaps, Brücke eingestürtzt –« Seine Stimme bricht ab, er holt Luft und sagt bedächtig, den Blick auf einen Bettler an der Ecke Second und Fifth geheftet: »Das ist die Nummer vierundzwanzig heute. Ich hab mitgezählt.« Fragt dann, ohne mich anzusehen: »Warum trägst du nicht den Blazer aus marineblauem Kammgarn zu der grauen Hose?« Price trägt einen Anzug aus Wolle und Seide mit sechs Knöpfen von Ermenegildo Zegna, ein Hemd aus reine Baumwolle mit Doppelmanschetten von Ike Behar, eine Ralph-Lauren-Seidenkrawatte und Flügelkappen-Brogues von Fratelli Rossetti. Schwenk auf die *Post*. Da gibt es eine halbwegs interessante Geschichte über zwei Leute, die während eine Nacht auf der Yacht einer zweitrangigen New Yorker Schickeriagröße spurlos verschwanden, während das Boot die Insel umschiffte. Blutspuren und drei zerbrochene Champagnergläser sind die einzigen Hinweise. Man vermutet ein Gewaltverbrechen, und die Polizei schließt aus gewissen Kratzern und Kerben auf Deck, daß der Killer eine Machete benutzte. Leichen wurden nicht gefunden. Verdächtige gibt es nicht. Price hatte mit seinem Sermon heute beim Lunch angefangen, ihn beim Squash-Spiel wieder aufgegriffen und während der Drinks bei Harry's, drei J&B's mit Soda, weiterpalavert, da allerdings wesentlich Interessanteres, nämlich über den Fisher-Account, den Paul Owen betreut...

(deutsch von Clara Drechsler und Harald Hellmann)

Italo Svevo

Er war befreundet mit James Joyce und anderen Größen der Weltliteratur, Schopenhauer und Sigmund Freud hatten sein Werk beeinflußt: Svevo, in Triest zuhause, schrieb psychoanalytisch scharfe, realistische Romane. Deren bedeutendster ist **Zeno Cosini***, darin der junge Held unter anderem eine Bankkaufmannslehre absolviert. Svevo, der selbst die erfolgreiche Farbenfabrik seines Schwiegervaters leitete, hat einen übermächtigen Schwiegervater als Lehrmeister in den Roman eingebaut, und von dessen Lebens- und Wirtschaftsweisheiten ist hier zu profitieren…*

Das Gelungenste ist, daß mein Eheabenteuer damit begann, daß ich zufällig die Bekanntschaft meines zukünftigen Schwiegervaters machte. Für ihn empfand ich Freundschaft und Bewunderung, noch ehe ich wußte, daß er der Vater heiratsfähiger Töchter war. Daraus ersieht man, daß nicht mein Wille mich zu einem Ziel führte. Ich wußte gar nichts von so einem Ziel. Ich vernachlässigte plötzlich das Mädchen, für das ich mich zu interessieren vermeinte, und kam von meinem zukünftigen Schwiegervater nicht mehr los. Fast möchte ich an ein Schicksal glauben.

Giovanni Malfenti, der von mir und von allen Leuten, zu denen ich bisher Beziehungen suchte, so sehr verschieden war, befriedigte meinen stets gehegten Wunsch, Neues zu erleben. Ich war genügend gebildet. Ich hatte mich auf zwei Fakultäten herumgetrieben, aber für noch viel lehrreicher halte ich meinen langen Müßiggang. Er hingegen war ein großer Geschäftsmann, ungebildet und stets aktiv. Aus seiner Unbildung kam seine ganze Kraft und seine heitere Ruhe. Das alles faszinierte mich, und darum beneidete ich ihn.

Malfenti war ungefähr fünfzig Jahre alt, von ungeheurem Körperbau und eiserner Gesundheit. Er wog mehr als zwei Zentner und verfügte über riesige Körperkräfte. Die wenigen Gedanken, die sein dicker Schädel erzeugte, wurden mit solcher Klarheit erwogen, mit solcher Präzision zerlegt und bei den alltäglichen Geschäften weiterentwickelt und angewandt, daß sie Teile seiner selbst wurden. Sie bildeten seine Glieder und seinen Charakter. An derartigen Gedanken war ich äußerst arm, und ich klammerte mich an ihn, um reicher zu werden.

Ich besuchte das Tergesteum auf Anraten Olivis, der der Ansicht war, die Börse sei ein guter Anfang für meine kaufmännische Tätigkeit. Auch hoffte er, daß ich ihm von dort Nachrichten bringen würde, die für ihn wichtig sein konnten. So setzte ich mich an den langen Tisch, an dem mein zukünftiger Schwiegervater thronte, und rührte mich nicht mehr fort. Es schien mir, als sei dies der richtige kaufmännische Lehrsaal, den ich so lange gesucht hatte.

Er bemerkte bald die Bewunderung, die ich für ihn hegte, und erwiderte sie mit einer Freundschaft, die mich väterlich anmutete. Hat er damals schon geahnt, wie sich die Dinge entwickeln würden? Als ich ihm eines Abends, angefeuert durch das Vorbild seines großartigen Wirkens, erklärte, daß ich mich von Olivi befreien und fürderhin selber meine Angelegenheitn führen wolle, riet er mir davon ab; ja, er schien durch mein Vorhaben geradezu beunruhigt zu sein. Er meinte, ich könne mich wohl dem Handel widmen, solle mich aber doch dabei an Olivi halten, den er kannte.

Er war sehr gerne bereit, mich zu belehren. Er schrieb sogar eigenhändig drei Leitsätze fürs Leben in mein Notizbuch, deren Befolgung er für ausreichend hielt, um jedes Unternehmen einem glücklichen Gelingen zuzuführen:

1. Man muß nicht unbedingt selber arbeiten; wer es aber nicht versteht, andere für sich arbeiten zu lassen, geht zugrunde.

2. Es gibt nur eine Gewissensqual, den Vorwurf gegen sich selbst, es bei irgendeiner Gelegenheit nicht verstanden zu haben, seine Interessen zu wahren.

3. Im geschäftlichen Leben ist die Theorie äußerst nützlich; aber erst dann, wenn die Geschäfte schon abgewickelt sind.

(deutsch von Piero Rismondo)

Upton Sinclair

Jed Rusher, der Protagonist des 1931 erschienenen Romans **So macht man Geld**, *stammt aus dem kleinen Goldgräberdörfchen Zion und studiert karrierehungrig Wirtschaftswissenschaften – wenn er nicht gerade den vermögenden alten Mann Claude Warrener pflegt. Binnen kurzer Zeit wird aus dem herzerweichend naiven Jungen ein mit allen Wassern gewaschener Börsenmagnat – eine Karriere, wie sie auch heute wieder aus mancher Garagenfirma hinauf in die Big Player-Höhen des Neuen Marktes führt. Upton Sinclair zeigt jedoch in dem Kapitel »Börse«, was vor allem solche Sprünge in einem Lebenslauf ermöglicht: Es ist das Glück, in die richtige Umgebung und neben ein adäquates Vorbild gestellt zu sein.*

Der alte Walter Evarts war der Vater des Präsidenten der Farmer- und Kaufmannsbank und der Schwiegervater von Warreners ältester Tochter. Als reicher Mann, der in mehreren Banken seine Safefächer hatte, schlenderte er von einer Bank zur andern, öffnete die Fächer und schnitt mit einer Klappschere, die er in der Westentasche bei sich trug, die Coupons ab. Außerdem erhielt er Briefe voller Dividendenscheine, und am Vormittag, wenn die Börsen in New York und Chicago eröffneten, saß er einige Stunden lang im Publikumssaal einer Maklerfirma und beobachtete das Labyrinth der Ziffern, die geschäftige junge Herren vom Tickerstreifen ablasen und mit roter, blauer, weißer oder gelber Kreide an die

Tafel schrieben. Am Nachmittag zog sich der alte Herr in den Katonah Country Club zurück, spazierte über den Golfplatz und schmiß etliche Bälle in den künstlichen See. Da er unbedingt keine Golfmütze aufsetzen wollte, war seine Glatze dunkelbraun gebrannt, und mit seinem runden, heiteren Gesicht sah er aus wie ein richtiger Bronzebuddha.

Wenn es regnete und er nicht auf dem Golfplatz umherwandern konnte, ging er seinen kranken Freund Claude Warrener besuchen. Jed mußte einen kleinen Klapptisch neben das Bett stellen und das Cribaggespiel hervorholen. Dann setzte sich Jed ans Fenster und vertiefte sich angeblich in seine Studien, in Wirklichkeit aber ließ er sich kein Jota von den Gesprächen entgehen, die in den Pausen zwischen zwei Partien geführt wurden. Der alte Evarts kannte die Geschäftswelt, die Finanz, die Politik und die Mode von Mountain City, seine Gespräche waren eine wahre Fundgrube von Anekdoten, Kommentaren und Tips. Seine Haltung gegenüber diesem Getriebe aber war die eines Astronomen vom Mars, der die Szene durch ein Teleskop betrachtet. Unglaublich, was diese menschlichen Insekten nicht alles anstellten; der alte Herr aber fand es ganz glaubhaft, und so oft er eine Geschichte erzählte, platzte er mit einem lauten Kichern heraus.

Aus diesen Gesprächen erfuhr Jed, ohne sonderlich erstaunt zu sein, daß Mountain City in seinen politischen Zuständen sich nicht von Zion unterschied: daß heißt, die eine Clique war an der Macht und beschäftigte sich damit, aus Konzessionen, die die Stadt zu vergeben hatte, Geld herauszuschinden, während eine andere Clique, die in Amt und Würden kommen wollte, gegen die Clique Nummer 1 ihre Anklagen schleuderte. Kapitalgruppen, die von dieser oder jener mächtigen Persönlichkeit kontrolliert wurden, erwarben die städtischen

Konzessionen und steuerten die nötigen Gelder bei, um im Sommer die Kandidaten für die verschiedenen Ämter aufzustellen und sie im November auch wählen zu lassen. Jed erfuhr die Namen der Mächtigen und der Trusts, die sie beherrschten. Er hörte wilde Geschichten von Fehden und Kriegen, aus Vergangenheit und Gegenwart, von Raubzügen und Skandalen jeglicher Art. Ihn überraschte nicht der gewalttätige Charakter dieser Geschehnisse, denn er war im Bergland groß geworden und wußte, wie ein großgewordenes Goldgräberlager aussieht.

Jed erfuhr auch einiges aus dem Privatleben dieser Mächtigen, und es wunderte ihn nicht, daß sie, genauso wie in Zion, ganze Nächte hindurch Poker spielten, zu viel tranken und einander ab und zu die Fresse zerschlugen; ihre Weiber verschwanden gelegentlich, und man ertappte sie dann in den Armen irgendeines Liebhabers oder bei einer Knutschpartie im Auto. Jed erfuhr, daß es Menschen gab, an der Peripherie der Gesellschaft, die sich's zur Praxis machten, derlei unklugen Streichen nachzuspüren: sie bestachen die Dienstboten, sie mieteten Detektive, sie drohten, die Presse zu informieren, und auf diese Weise machten sie ihren Fang und sackten große Summen Geldes ein.

2

Warrener hielt jede Bodenspekulation für ein Verbrechen, aber sie sei ein Verbrechen, das die Gesellschaft zu gestatten beliebe, und er selber könne es nicht beseitigen, daher beteilige er sich daran bis zu dem Zeitpunkt, da die Öffentlichkeit erwachen würde. Ja, es machte ihm sogar eine Art boshaften Vergnügens, soviel Profit wie nur möglich einzuheimsen: er sah sich als Verkörperung der Vorsehung jene Leiden verhängen, die allein den Menschen zum Nachdenken zwingen. Er schloß ein einträgliches Geschäft ab und schrieb dann an eine Bodenreformer-Zeitschrift: »Seht, was die Gesellschaft alles zuläßt!«

Er spekulierte auch an der Börse. Evarts und einige andere intime Freunde erörterten die Aktienkurse, brachten Informationen über dieses und jenes Papier, und Warrener ersuchte Jed, seinen Makler anzurufen und 500 Stück Rocky-Mountain-Zucker oder Western-Pete, oder was es gerade war, zu kaufen. Er tat so, als mache er das ganz nebenbei, als sei er an dem Ergebnis gar nicht interessiert, aber Jed sah sofort, daß das nur eine Pose war. Es war für den alten Herrn ein Spiel wie das Cribagge, und er wollte gewinnen, wenn auch die Einsätze für ihn nur eine Bagatelle waren.

Jed sah sich jetzt in die Lage versetzt, von der er geträumt hatte, er durfte endlich einen Blick hinter die Kulissen tun. In ganz Amerkia schwärmten die Menschen an die Aktienbörse wie die Mücken ans Bogenlicht; sie versengten sich die schönen, schimmernden Flügel – ihr Geld – und fielen zuckend zu Boden. Wer aber steckte das Geld ein? Jed kam jetzt dahinter, und das war das Lebensgeheimnis, nach dem er getastet hatte. Männer wie Evarts spekulierten nicht in Aktien, sie manipulierten sie. Sie hatten ihre Machtpositionen, die ihnen ermöglichten, Ereignisse herbeizuführen. Evarts, Aufsichtsrat bei der Rocky-Mountain-Zucker, vereinbarte mit den anderen Aufsichtsräten, an einem bestimmten Tag eine Dividende zu streichen, dann fixierten sie ingsgeheim die Aktien und brachten bei dem Krach ihr Schäfchen ins trockene. Sein Vetter Soundso war Beamter bei der Western-Pete, und von ihm bekam Evarts den Tip, daß die Ausschüttung einer fetten Dividende zu erwarten sei; dann kaufte Evarts die Aktien auf Marge und erschien am Nachmittag mit der Zeitung in der Hand, fröhlich kichernd, weil er einen guten Tag gehabt hatte; er berichtete, was er »gezogen« und was seine Frau »gezogen« habe.

So sah nun Jed den breiten Weg zum Erfolg vor sich; nur eines machte ihn hilflos – sein Mangel an Geld. Eine Chance nach der andern ging vorbei, und er rechnete sich aus, was er hätte verdienen können, wenn er bloß imstande gewesen wäre, dies zu kaufen oder jenes zu verkaufen. Wie jämmerlich kam ihm der Scheck vor, den er jeden Sonnabend von Warreners Sekretär erhielt. 21 Dollar! Wie weit würde er damit in einem Maklerbüro kommen?

Er besprach die Sache mit Liza. Zuerst empörte sie der Gedanken, an der Börse zu spielen; das Argument aber, daß Millionen Menschen an der Börse spielten – und wenn die Mitglieder der Kirche allen Profit den Gottlosen überließen, wie sollte das der Sache des Herrn nützen? –, machte einigen Eindruck auf sei. Liza seufzte, denn sie selber hatte kein Geld: jeden Monat mußte sie ihren Profit an Carrie Meecham abliefern. Carrie hatte Geld, und Carrie würde auch keine Skrupel kennen. Jed aber erklärte, er denke nicht daran, mit Carrie ein Kompaniegeschäft zu machen, das sei zu gefährlich. Das letzte Mal, als sie ihn in ihrem Auto mitnahm, habe sie sich an ihn gelehnt, und es hätte nicht viel gefehlt, so wäre daraus eine richtige Knutschpartie geworden, wie sie Liza nicht genug zu tadeln wisse.

3

Oft passierte es, daß der alte Herr einschlief, während Jed vorlas. Jed schlich sich leise in den Nebenraum, der als eine Art Vorzimmer diente; dort warteten gewöhnlich die Dienstboten und die Pfleger und auch die Besucher, wenn der Patient sie nicht gleich empfangen konnte. Jed zog die Tür zu und vertiefte sich in sein Studium, bis ihn dann wieder das Surren einer kleinen Klingel ins Krankenzimmer rief.

Bei einer dieser Gelegenheiten erschien Mr. Claude jun. »Schläft der Alte?« fragte er, und dann rückte er mit seinem Stuhl dicht an Jed heran. »Möchte gern mit Ihnen etwas besprechen, Rusher.«

»Ja, Sir?« sagte Jed respektvoll.

»Ich bin in einer schwierigen Lage, mein Vater kann nicht kommen, und ich besitze nicht so richtig das Vertrauen des Alten. Sie haben zwei Ohren, und ich nehme an, daß Sie über die Intrigen, die sich hier abspielen, unterrichtet sind.«

»Ja, Mr. Claude.«

»Ich weiß, Onkel Wallace und meine Tante haben dem Alten ziemlich viel Geld abgeknöpft, und ich habe allen Grund zu glauben, daß Mrs. Evarts ihn dazu kriegen will, ihr dieses Haus zu vermachen. Sie glaubt, Ansprüche darauf zu haben, weil sie Großmutter viele Jahre lang den Haushalt hat führen helfen. Haben Sie schon etwas von diesem Vorschlag gehört?«

»Ja, Sir, sie hat davon gesprochen.«

»Und was sagte sie?«

Jed erzählte ihm alles, Wort für Wort, aus seinem ausgezeichneten Gedächtnis. Und Mr. Claude holte aus der Brusttasche eine schwarzlederne Brieftasche hervor und entnahm ihr etwas ganz Wunderbares, desgleichen er noch nie gesehen hatte. Eine Banknote mit gelbem Rücken, glatt und spröde, ohne ein Fältchen, ohne einen Knick. War er auf der Bank gewesen und hatte eigens diese Note besorgt, um Jeds gierigen Blick zu erfreuen? 100 Dollar mit einem Schlag.

»Stecken Sie das ein«, sagte Mr. Claude. »Halten Sie die Augen offen und berichten Sie mir, was die anderen tun. Ich werde Sie laufend für Ihre Mühe entschädigen.«

»Danke, Mr. Claude«, sagte Jed und brachte den Geldschein in Sicherheit, aber ohne jede unschickliche Hast und ohne mit den Fingern zu zittern.

»Noch etwas«, sagte der andere, »vielleicht haben Sie Gelegenheit, bei dem Alten ein gutes Wort für mich und meinen Vater einzulegen.«

»Ich fürchte, dazu kenne ich ihn nicht gut genug«, sagte Jed bescheiden; dann nach einer kurzen Pause: »Darf ich ganz offen reden, Sir?«

»»Gewiß. Was denn?«

»Ich wollte nicht den Lauscher machen, Mr. Claude, aber Sie wissen ja, ich muß alles mitanhören.«

»Gewiß.«

»Und ich habe den Eindruck, Sie verzeihen schon, daß Sie einige Gelegenheiten verpaßt haben, sich bei dem alten Herrn beliebt zu machen.«

»Wie meinen Sie das?«

»Nun, der alte Herr fühlt sich sehr einsam und ist mit der Welt im allgemeinen recht unzufrieden, und er legt großen Wert auf ein wenig Anteilnahme. Er hat, wie Sie wissen, ein Steckenpferd –«

»Ich weiß – Gott steh uns bei!«

»Ja, Mr. Claude, aber wenn Sie ein bißchen Interesse dafür aufbringen könnten und sich die Sache von ihm erklären lassen würden –«

»Das also ist es!« Dem jungen, eleganten Mann schien ein Licht aufzugehen. »Haben Sie sich auf diese Weise eingeschmuggelt, Rusher?«

»Ich würde doch diesen Ausdruck nicht gebrauchen, Mr. Claude. Ich habe lediglich Ihrem Großvater erklärt, daß ich gegen die Bodenreformer bin und sehr daran zweifle, ob ich zu bekehren wäre; ich wüßte aber, daß das immerhin eine wichtige Lehre sei, und an der Universität erführen wir gar nichts davon, obgleich das doch nötig wäre, für mich sei es immer ein Vergnügen, seine Gedankengänge zu hören und mit ihm zu diskutieren. Und ihm macht das riesigen Spaß.«

»Ich verstehe«, sagte der hochmütige Mr. Claude jun. in unerwartet bescheidenem Ton.

»Sie kennen ja die Lage in Europa, Mr. Claude. Ließe sich da nicht irgendein Ländchen finden, dem mit einer gerechteren Form der Bodensteuer geholfen wäre? Das würde keinem von uns in Amerika weh tun, Sie wissen.«

»Donnerwetter, Rusher!« rief der junge Aristokrat in stürmischer Begeisterung. »Sie haben ein Köpfchen auf den Schultern! Sie werden es weit bringen!«

4

Die kleine Klingel surrte, und die beiden Männer gingen ins Krankenzimmer. Jed machte es seinem Patienten bequem, während Mr. Claude sich in einen grossen Lehnstuhl lümmelte und nach einiger Zeit bemerkte: »Nebenbei, Großvater, ich habe eben einen Brief von meinem Alten bekommen; er schriebt, man bestürmt sie um Anleihen für Lettland und Litauen, diese lausigen kleinen baltischen Staaten. Aber der Alte will nicht recht, er sagt, es kann dort jeden Tag wieder zu einer Revolution kommen.«

»Was ist denn los?«

»Na, eine Clique von Adeligen hat seit Jahrhunderten den ganzen Boden monopolisiert, die Bauern sind eigentlich lauter Sklaven, und jetzt werden sie von den Bolschewiki aufgeputscht.«

»Es sind nicht die Bolschewiki, Claude. Dreißig Jahre lang habe ich versucht, deinen Vater aufzuklären – das Bodensystem in diesen Ländern ist ein Fluch!«

»Ja, ich glaube, der Alte ist jetzt endlich dahinter gekommen, denn er schreibt, man wird die großen Güter beschlagnahmen, zerlegen und an die Bauern verkaufen.«

»Aber was soll denn das nützen? Mein Gott, Junge, damit fängt ja die Sache nur von vorne an! Die, die das

Lang bekommen, werden reich, ziehen in die Stadt und verzehren ihre Rente, der Bodenpreis wird weiter steigen und die Profite fließen in die Taschen der Spekulanten.«

»Du willst es durch eine Steuer schaffen!«

»Natürlich, natürlich! Eine Steuer in der Höhe des Rentenwerts – und niemand wird mehr Land besitzen wollen, als er selber bebauen kann. Dein Vater könnte nun wirklich viel tun, aber die einzigen Leute, die genügend Verstand haben, um eine wissenschaftlich fundierte Bodensteuer anzuwenden, sind diese Bolschewiki, die ihr alle ausrotten wollt.«

»Ja, ich weiß nicht recht, Großvater, vielleicht wäre es gar nicht schlecht, Vater auf diesen Gedanken hinzuweisen und ihn zu veranlassen, daß er auf dieser oder jener Konferenz die Frage zur Diskussion stellt. Das wäre doch ein recht interessantes Experiment.«

»Besonders, da es weit genug von Mountain City entfernt wäre, so daß es unseren eigenen Spekulanten nicht zu Ohren käme!« Genau dasselbe, was Jed gesagt hatte.

Warrener fuhr fort, das Bodenproblem zu erörtern, wie es sich in Mitteleuropa gestaltet hatte; er kannte die Bodenprobleme jedes Landes von China bis Peru, nicht zu vergessen New York und Los Angeles und was dazwischen liegt. Sie diskutierten lebhaft, bis der Pfleger kam um Jed abzulösen. Dann erhob sich der Enkel und sagte: »Ich muß weiter.«

Er fuhr mit Jed im Aufzug hinunter, und als sie auf die Straße kamen, sagte er: »Kommen Sie mit mir im Auto mit« – ein ganz unvorstellbarer Beweis von Herablassung. Jed sah, daß der junge Herr sehr stolz auf seine Leistung war. »Na, wie war das?«

»Fein«, sagte Jed. »Nur so weiter.« Bei sich selber sagte er: »Du Dummkopf, nicht in hundert Jahren wäre dir das eingefallen, wenn es auf dich angekommen wäre. Jed verglich sich mit den Großen der Erde und erkannte, daß er diesen eleganten Claude jun. jederzeit in die Tasche stecken könne. Der Sohn der öden Rinderranch hatte sich allein durchschlagen müssen und war daher stets aktiv und elastische geblieben; dem jungen Claude aber hatte man alles auf dem silbernen Teller serviert, und er hatte sich außer bei Tennis und Golf nirgends anstrengen müssen.

»Nebenbei, Mr. Claude«, sagte Jed, »spekulieren Sie?«

»Hin und wieder«, sag der andere vorsichtig zu.

»Na, ich höre natürlich zu, wenn die Freunde Ihres Großvaters mit ihm reden, und da gibt es oft erstklassige Tips. Leider kann ich sie nicht verwenden, da ich kein Geld habe.«

»Ich könnte ja ab und zu ein paar Aktien für Sie mitnehmen.«

»Sehr schön, Sir, dafür wäre ich Ihnen sehr dankbar. Sie könnten erst einmal Continental Steel verkaufen, denn Mr. Walter Evarts sagt, die Fusion, von der so viel die Rede war, würde nicht durchgehen und die Kurse seien stark überhöht.«

»Gut. In Börsendingen ist der olle Walt ein schlaues Aas!« Jed stellte mit Interesse fest, daß Mr. Claude jun., sowie es sich um Geldverdienen handlete, sein vornehm manieriertes Gehabe verlor und sich in nichts mehr von irgendeinem anderen jungen Streber in seinem heimatlichen Goldgräberlager unterschied.

Als einige Tage später die Continental Steel ihren sensationellen Zusammenbruch erlitt, brachte Mr. Claude jun. Jed noch zwei jener glatten gelbrückigen Banknoten und sagte, das sei sein Profit aus dem kleinen Fischzug. Jed winkte gelassen ab und sagte: »Behalten Sie die Scheine, Mr. Claude, und verkaufen Sie für mich ein paar Anteile der Bonanza Gold. Mr. Evarts sagt, sie wollten in diesem Quartal die Dividende kürzen.«

»Aber Rusher«, wandte der andere ein. »Diese Leutchen scheffeln nur so das Geld!«

»Ich weiß, aber Mr. Evarts sagt, die Direktoren brauchten es zu irgendwelchen privaten Zwecken, und daher wird der Gewinn auf die Reserven verrechnet.«

5

Lulu Belle kam abermals zu Besuch. Diesmal war sei eine rosarote Schönheit, von der Schleife in ihrem Haar bis zu den Schühchen an ihren Füßen; ein Farbenschema, das auf ihre Wangen statt auf ihre Augen abgestimmt war. Der Großvater schlief, sie kam also auf Zehenspitzen ins Vorzimmer, setzte sich auf die Kante eines Stuhls, legte die gefalteten Hände in den Schoß und heftete ihre großen blauen Augen auf den netten jungen Pfleger. »Ich mußte versprechen, daß ich es Großvater nicht sage, weil er nichts Trauriges hören darf, aber es schadet doch nichts, wenn ich es Ihnen sage, nicht wahr, Mr. Rusher?«

»Ich glaube kaum, Lulu Belle«, sagte er. »Was ist es denn?«

»Mama hat mich gezwungen, Gladys wegzugeben.« Tränen traten in ihre großen blauen Augen, und sie blickte rasch nach der geschlossenen Tür, als wollte sie sich bereit halten, die Tränen sogleich zu unterdrücken. »Ich habe sie meiner Kusine Polly geschenkt. Sie hat mir versprochen sehr gut auf sie acht zu geben und alle ihre Kleider instandzuhalten, ganz wie bei mir, und so weiß ich, daß alles in Ordnung sein wird, aber, Mr. Rusher, als ich nach Hause kam, oh, da war das so schrecklich, das Kinderzimmer war so leer, es war gerade so, als ob sie gestorben wäre. Haben Sie schon einmal etwas Totes gesehen. Mr. Rusher?«

»Manchmal«, sagte Jed.

»Ich hatte einen Vogel, und den hatte die Katze erwischt, ich konnte sie noch verjagen, aber es war schon zu spät, der Vogel starb, und ich mußte ihn begraben; das war sehr traurig, aber nicht so schlimm wie bei Gladys, weil ich damals noch so klein war und es nicht so begreifen konnte. Glauben Sie, Mr. Rusher, daß eine Puppe eine Seele hat?«

»Ich habe noch nicht darüber nachgedacht, Lulu Belle. Vielleicht haben Sie ihr eine gegeben.«

»Das habe ich doch auch zu Mama gesagt. Aber Mama sagt, das ist nur ein Stück von meiner Seele gewesen, weil ich mir so vieles eingebildet habe. Sehen Sie, ich habe ja alles für sie getan, als ob sie ein richtiges Baby wäre, ich habe manchmal den halben Tag lang mit ihr gespielt, Miss Partington konnte mich zu gar nichts anderem bekommen.«

»Sie werden sie jetzt wohl schrecklich vermissen«, sagte Jed. Das war nun eine sogenannte Konversation, und auch das mußte man lernen. Wie sonderbar, daß ein Geschöpf, das fast erwachsen war, sich so kindisch benahm!

»Mama und Miss Partington – das ist meine Gouvernante – wußten nicht, was sie mit mir tun sollten, schließlich aber sagte Mama, wenn ich aufhöre, so unglücklich zu sein, läßt sie mich Kusine Marians wirkliches Baby anschauen. Wußten Sie schon, daß meine Kusine Marian Barton ein neues Baby hat?«

»Ich habe davon gehört.« Jeds Gedanken wanderten rasch in die Pension zurück, wo die Informationen über die Sippe der Warreners gesammelt und kollationiert wurden. Derselbe Student, der bei Mrs. Evarts den Rasen mähte, hatte jetzt eine Stellung bei Mrs. Barton bekommen, die früher Marian Warrener geheißen hatte, einer Tochter Mr. Clive Warreners und Mr. Claudes

Schwester. Das neue Baby war folglich ein Urenkel von Jeds Arbeitgeber, und Carrie Meecham hatte aus den Gesellschaftnachrichten der *Post* ein Bild der reizenden jungen Mutter ausgeschnitten.

»Oh, Mr. Rusher, das ist das süßeste kleine Ding, das Sie je in ihrem Leben gesehen haben! Aber vielleicht haben Sie schon einmal ein ganz neues Baby gesehen.«

»O ja,« sagte Jed und bemühte sich, nicht verlegen zu werden. »So was gibt's doch sehr häufig, nicht wahr?«

»Oh, wenn ich so ein richtiges Baby haben könnte, dann würde ich Gladys wirklich vergessen! Sie hat die winzigsten kleinen Händchen, und so rosig und warm, so kleine Finger, man möchte gar nicht glauben, daß es so etwas Winziges geben kann, aber die kleinen Nägel sind dran und alles; sie packt den Finger und hält ihn fest, so was Aufregendes habe ich noch nie erlebt. Und sie sieht einen richtig an, sie verfolgt einen mit den Blikken, und ab und zu lacht sie ganz komisch, wissen Sie, sie hört, was man sagt, und lacht mit einem mit. Ich finde, es ist doch zu wunderbar, daß so was Kleines lebt, aufwächst und das alles.«

»Ja, alles«, sagte Jed vorsichtig.

Lulu Belles große blaue Augen blickten in des jungen Mannes dunkle Augen, und ein ernster Ausdruck trat in ihr Gesicht. »Mr. Rusher, vielleicht werden Sie es mir sagen.«

»Was denn, Lulu Belle?«

»Jemand soll mir sagen, wo die Babies herkommen.«

Das Blut begann in Jeds Kragen emporzuwallen, so heftig, daß er fürchtete, Lulu Belle würde es merken. »Ja«, sagte er und hielt inne. »Ich glaube, da werden Sie Ihre Frau Mama fragen müssen.«

»Oh, aber ich habe sie ja gefragt, und sie will es mir nicht sagen. Sie sagt immer, der heilige Ruprecht bringt die Babies, aber das hat natürlich gar keinen Sinn, ich glaube nicht mehr an den heiligen Ruprecht, und er würde doch auch nicht im Frühling kommen? Dann sagte Mama, der Doktor bringt sie in einer Tasche mit, und als ich sie fragte, wo der Doktor sie her hat, da sagte sie, aus dem Spital, und ich fragte sie, wie sie denn ins Spital kommen, und da wollte sie mir nichts mehr sagen. Mama scheint zu glauben, mit den Babies stimmt was nicht, so wie mit den Püppchen, wenn man schon zu groß ist, aber sie will es mir nicht sagen, und jedesmal, wenn ich sie frage, sagt sie, sei still.«

Jed, der auf einer Rinderranch große geworden war, hatte immer gemeint, kein Kind wachse auf, ohne den Vorgang der Zeugung zu kennen. Eine seiner frühesten Erinnerungen galt der Familienkuh, die die frische Milch für die Kinder gegeben hatte; es wollte mit dem Kalben nicht recht gehen, die alte Kuh brüllte schon seit vielen Stunden, dann kam Zack Rusher auf einem Pferd nach Hause galoppiert, entblößte seine Arme, wusch sie in einem Eimer, versenkte sie dann in den Körper der Kuh und besorgte das blutige Geschäft eines Geburtshelfers, während die vier Kinder in einer Reihe dabeistanden und mit entsetzter Neugier zusahen. Auch hatte Jed seine Schwester einer Nachbarin die Geschichte erzählen hören, daß er selber vorzeitig zur Welt gekommen sei und daß seine Mutter niemanden bei sich gehabt habe außer der sechsjährigen Liza; sie, Liza, habe die Qualen ihrer Mutter mitansehen und das glucksende, würgende Neugeborene in ihren zitternden Armen halten müssen, während die Mutter ihm die Nabelschnur abband. Vielleicht war das der Grund für die leidenschaftliche Sorge, mit der sie Jed von Anfang an betreute und ihn auf dem Weg zum Erfolg vorwärtsstieß.

6

Gerade in diesem Augenblick surrte die kleine Klingel. »Das ist Großpapa«, sagte Lulu Belle, und Jed ging hinein und meldete ihre Anwesenheit. Es war ein sonniger Mainachmittag. Warrener bat das Kind, in den Garten hinunterzugehen, er werde nachkommen. Nun folgte eine mühsame Prozedur, die von Jed und einem der Gärtnergehilfen, einem jungen, stämmigen, gleichfalls frisch vom Land gekommenen Burschen ersonnen worden war. Der Gärtnergehilfe wurde geholt, der Lesetisch aus dem Weg geräumt, der Holzstuhl neben das Bett gerollt. Dann schoben sie ein glattpoliertes Brett unter die 200 Pfund des alten Herrn, und mit Hilfe dieses Bretts wurde er, halb gleitend, halb gehoben, über den Rand des Rollstuhls auf den Sitz befördert. Er konnte mit den Armen helfen, sich im Gleichgewicht zu halten, seine armen Beine aber waren hilflos, und man mußte sie zurechtlegen und mit einem Schal zudecken. Dann wurde er zum Aufzug gebracht und über eine an eine Veranda angebaute Gleitgahn in den Garten hinabgerollt.

So wanderten nun Lulu Belle und ihr Großpapa Seite an Seite über die gewundenen Pfade. Das Tierleben war vergessen und das Pflanzenreich rückte in den Mittelpunkt: alle die zarten hellgrünen Triebe, die sich mit ihren Köpfen über die Erde hinaufgearbeitet hatten und jetzt ihre Pracht im Sonnenschein entfalteten. Im Pflanzenreich gibt es anscheinend nichts Unanständiges oder moralisch Unzulässiges, und Miss Partington hatte ihrem Schützling von den Sporen, Stempeln, Pollen, von den Bienen und den Samen erzählt. Lulu Belle kannte sämtliche Blumen und Sträucher und ihre verschiedenen Wachstumsstadien, sie erteilte dem netten Mr. Rusher eine Unterrichtsstunde in Botanik und zeigte ihrem Großpapa die Stelle, wo die holländischen Tulpenzwiebeln eingepflanzt worden waren, und sie musterten gemeinsam die glattgeharkte braune Erde, fanden aber nicht die Spur eines Triebes. In der einen Ecke des Grundstücks stand ein großes Treibhaus, und in der feuchten Hitze unter seinem Glas inspizierten sie die blühenden Bananenpflanzen, die Orangenbäume mit ihren goldenen Früchten, den scharlachroten Hibiskus, die Orchideen und andere seltsame Pflanzen, von denen der nette Mr. Rusher noch nicht einmal die Namen gehört hatte.

Jetzt war Jed obenauf. Das war es, wovon er geträumt hatte, das war Luxus, das war Macht! Nicht Zuckerrüben pflanzen, die man für weniger als die Herstellungskosten an eine kaltherzige Aktiengesellschaft verkauft, sondern riesige rote American-Beauty-Rosen mit 90 Zentimeter langen Stengeln züchten, die dann eine Königin der Salons in einem Ballsaal trägt! Nicht im Dreck herumkriechen, Schwielen an den Händen und Knien, sondern in herrischer Pracht umherschlendern – oder auch nur in einem Rollstuhl gefahren werden –, während respektvolle Gärtner die Mützen ziehen und glücklich sind, wenn du ihre Arbeit lobst!

Ja, so würde Jed eines Tages leben, und bis dahin war es gar nichtmehr so weit. Er beschloß plötzlich, sich gleichfalls ein Treibhaus mit Bananen, Orangen, Hibiskus und Orchideen anzuschaffen, ebenso würde er eine goldhaarige Tochter des Luxus besitzen, irgendeine blaue oder rosarote Schönheit, die ihm botanische Lektionen erteilt und ihm die Stelle zeigt, an der die holländischen Zwiebeln eingepflanzt worden sind. Und da er gerade dabei war – Jeds rasche Phantasie macht gewaltige Sprünge –, warum nicht diese Belle da? Sie war hübsch genug, um seinen hochfliegenden Ehrgeiz zu befriedigen, und was noch mehr ins Gewicht fiel, sie war in greifbarer Nähe, er hatte die Chance, sie zu gewinnen. Was würde er tun müssen, um diesen Preis zu erringen?

Er wußte die Antwort, ohne auch nur eine Sekunde zu zögern – er würde viel Geld verdienen müssen. Ohne diese Voraussetzung wäre seine Werbung eine Unverschämtheit, ja, fast ein Verbrechen. Ferner würde er sein Geld schnell verdienen müssen, denn Lulu Belle würde nicht auf ihn warten, die Prozesse der Natur sind nicht aufzuhalten.

(deutsch von Paul Baudisch)

Irvin D. Yolam

Hellsichtige Einschätzungen von Weltgeschehen, frische Informationen sowie ein Quentchen psychologischen Gespürs geben immer wieder den Ausschlag für erfolgreiche Aktivitäten im Aktienmarkt. Irving D. Yolam erzählt im Roman **Die rote Couch** *die Figur eines Psychoanalytikers, der besonders gerne Vermögende und Superreiche behandelt – nicht etwa der höheren Honorare wegen, sondern weil ihm in den Sitzungen mit seinen Klienten ungeahnte Nachrichtenquellen aufgehen. – Nie waren Psychologie und Börsenmarkt enger miteinander verknüpft als auf Dr. Marshals roter Couch*

Dann gönnte Marshal sich eine seiner großen Freuden: Er wandte sich den Tabellen mit den Aktienkursen im *Wall Street Journal* zu und zog die zwei kreditkartengroßen Gegenstände aus der Brieftasche, die es ihm erlaubten, seine Profite zu errechnen: ein Vermögenslineal, um das kleingedruckte der Marktpreise zu lesen, und einen solarbetriebenen Rechner. Ruhiger Markt gestern, keine größeren Kursveränderungen außer bei den Werten der Silicon Valley Band – des größten Anteils seines Aktienbestandes, gekauft dank eines guten Tips von einem ehemaligen Patienten –, die um ein Achtel Dollar gestiegen waren; bei fünfzehnhundert Aktien belief sich das auf beinahe siebzehnhundert Dollar. Er blickte von den Aktientabellen auf und lächelte. Das Leben war gut.

Aber es war ein bittersüßes Geschenk, ein schwacher Trost dafür, daß er sich die größte finanzielle Chance seines Lebens durch die Finger hatte schlüpfen lassen. Wann würde er je wieder einen superreichen Patienten haben, der sich nichts sehnlicher wünschte, als ihn zu einem reichen Mann zu machen? Mr. Macondos Angebot eines Geschenkes – »einen Teil seiner Investitionen« – Marshal fragte sich, wieviel das wohl gewesen wäre. Fünfzigtausend? Hunderttausend? Gott, wieviel das in seinem Leben verändern würde! Und er hätte die Summe schnell vermehren können. Selbst seine Investitionsstrategie – mit seinem Computerprogramm den Markt zu simulieren und entsprechend Fidelity Spezialfonds zu kaufen und abzustoßen – hatte ihm in den vergangenen zwei Jahren einen Reingewinn von jeweils sechszehn Prozent eingetragen. Mit Mr. Macondos Angebot, im Devisenmarkt zu spekulieren, ließe sich das wahrscheinlich verdoppeln oder gar verdreifachen. Marshal wußte, daß er ein armseliger Außenseiter war – jedes Informationsbröckchen, das ihm über den Weg lief, kam unausweichlich zu spät. Hier hatte ihm jemand zum ersten Mal in seinem Leben die Chance angeboten, zum Insider zu werden.

Ja, als Insider konnte er sich für sein ganzen Leben gesundstoßen. Er brauchte nicht viel. Alles, was er wirklich wollte, war ein wenig freie Zeit, damit er drei oder vier Nachmittage in der Woche forschen und schreiben konnte. Und das Geld!

Und doch hatte er all das ausgeschlagen. Verdammt! Verdammt! Verdammt! Aber welche Wahl hatte er? Wollte er den Weg gehen, den Seth Pande gegangen war? Oder Seymour Trotter? Er wußte, daß er das Richtige getan hatte.

Als er am Freitag auf die massive Marmortür des Pacific Union Club zustrebte, erfüllte Marshal ein Gefühl der Erregung, ja, beinahe Ehrfurcht. Jahrelang hatte er sich von solch sagenumworbenen Orten wie dem

P. U. Club, dem Burlinggame Club und dem Bohemian Grove ausgeschlossen gefühlt. Jetzt öffneten sich die Türen für ihn. Er blieb auf der Schwelle stehen, holte Atem und schritt dann in die tiefste Höhle der Insider.

Es war das Ende einer Reise, die 1924 auf dem überfüllten, übelriechenden Zwischendeck eines Überseedampfers begonnen hatte, der seine Eltern, damals selbst noch Kinder, von Southampton nach Ellis Island brachte. Nein, nein, die Reise hatte schon davor begonnen, in Prussina, einem Shtetl in der Nähe der polnisch-russischen Grenze, einem Fleckchen aus klapprigen Holzhäusern mit Böden von gestampftem Lehm. In einem dieser Häuser hatte sein Vater als Kind geschlafen, in einem kleinen, warmen Eckchen oben auf dem großen, aus Tonziegeln gebauten Ofen, der einen Großteil des Gemeinschaftsraumes ausfüllte.

Wie waren sie von Prussina nach Southampton gekommen? fragte Marshal sich. Über Land? Per Schiff? Diese Frage hatte er ihnen nie gestellt. Und jetzt war es zu spät. Seine Mutter und sein Vater waren zu Staub zerfallen, Seite an Seite, beigesetzt vor langer Zeit in dem hohen Gras des Friedhofes in Anacostia direkt vor den Toren von Washington, D.C. Es gab nur noch einen Überlebenden dieser langen Reise, der das vielleicht noch wußte – Label, der Bruder seiner Mutter, der seine letzten Jahre auf der langen, hölzernen Veranda eines nach Urin stinkenden und mit rosafarbenen Stuckwänden geschmückten Pflegeheims in Miami Beach auf einem Schaukelstuhl fristete. Es wurde langsam Zeit, Label anzurufen.

Die zentrale Rotunde, ein formvollendetes Achteck, war ringsum mit stattlichen Sofas aus mahagonifarbenem Leder bestückt und wurde in dreißig Metern Höhe von einem prachtvollen Dach aus durchscheinendem Glas mit einem Saum aus zarten floralen Mustern überwölbt.

Der Clubmanager – in Smoking und Lackschuhen – begrüßte Marshal mit großer Unterwürfigkeit, nickte, als er den Namen Macondo hörte, und führte ihn in den Salon. Dort saß – am fernen Ende des Raumes – vor einem gewaltigen Kamin Peter Macondo.

Der Salon war gewaltig – halb Prusinna hätte wahrscheinlich unter der hohen Decke Platz gefunden, die von abwechselnd glänzendem Eichenholz und scharlachroten, liliengemusterten Satinpaneelen verkleideten Wänden gestützt wurde. Und überall Leder – Marshal zählte hastig zwölf breite Sofas und dreißig schwere Sessel. In einigen der Sessel saßen verhutzelte, grauhaarige, nadelgestreifte Männer mit Zeitungen. Marshal mußte genau hinsehen, um festzustellen, ob sie noch atmeten. Zwölf Armleuchter an einer Wand, das bedeutete achtundvierzig im ganzen Raum, ein jeder davon mit drei Reihen Glühbirnen, fünf Birnen innen, sieben in der Mitte, neun außen, das machte einundzwanzig pro Leuchter, also insgesamt ... Mashal vergaß die Multiplikationen, als er das Paar etwa ein Meter hoher metallener Buchstützen auf einem der Kamine entdeckte. Nachbildungen der gefesselten Sklaven von Michelangelo. Mitten im Raum stand ein stabiler Tisch, auf dem sich Zeitungen, vor allem Finanzblätter, aus aller Welt stapelten. In einem Glaskasten an einer der Wände war eine riesige Porzellanschale aus dem späten achtzehnten Jahrhundert ausgestellt, mit einem Schild, es handele sich um ein Stück aus Ching-te Cheng und sei von einem Mitglied gespendet worden. Die Malerei auf der Schale stellte Episoden aus dem Roman »Der Traum von der roten Kammer« dar.

Echt. Ja, echt, dachte Marshal, als er auf Peter zuging, der auf einem Sofa saß und leutselig mit einem anderen Mitglied plauderte – einem hochgewachsenen, stattlichen Mann, der ein rotkariertes Jackett trug, ein pinkfarbenes Hemd und eine leuchtende, geblümte, breite Krawatte. Marshal hatte noch nie jemanden gesehen, der sich so anzog – nie jemanden gesehen, der Kleidungsstücke anziehen *konnte*, die so schockierend schlecht zusammenpaßten, und dabei die Eleganz und die Würde besaß, nicht lächerlich zu wirken.

»Ah, Marshal«, sagte Peter, »schön, Sie zu sehen. Ich möchte Ihnen Roscoe Richardson vorstellen. Roscoes Vater war der beste Bürgermeister, den San Francisco je hatte. Roscoe, Dr. Marshal Streider, San Franciscos führender Psychoanalytiker. Es geht das Gerücht um, Roscoe, daß man Dr. Streider gerade erst die Ehre erwiesen hat, eine universitäre Vortragsreihe nach ihm zu benennen.«

Nach einem kurzen Austausch von Freundlichkeiten führte Peter Marshal in den Speiseraum, drehte sich aber noch einmal zu seiner letzten Bemerkung um.

»Roscoe, ich glaube *nicht*, daß der Markt für ein Mainframe-System aufnahmefähig ist, aber ich bin der Sache gegenüber auch nicht absolut abgeneigt; wenn Cisco wirklich beschließt, zu investieren, wäre ich möglicherweise auch interessiert. Überzeugen Sie mich, und ich werde meine eigenen Investoren überzeugen. Bitte schicken Sie die Pläne nach Zürich, ich werde mich am Montag damit beschäftigen, wenn ich ins Büro zurückkomme.«

»Guter Mann«, sagte Peter, als sie gemeinsam weggingen. »Unsere Väter haben sich gekannt. Und er ist ein großartiger Golfer. Hat sein Haus direkt am Cypress Point. Interessante Investitionsmöglichkeit, aber Ihnen würde ich das nicht empfehlen: Die Startphase zieht sich meist so furchtbar lang hin. Übrigens, ich hoffe, ich bin Ihnen nicht zu anmaßend, wenn ich Sie Marshal nenne.«

»Nein, natürlich nicht. Wir stehen nicht länger in einer beruflichen Beziehung.«

»Sie sagen, Sie seien noch nie zuvor im Club gewesen?«

»Nein«, sagte Marshal. »Daran vorbeigegangen. Ihn bewundert. Gehört nicht zu den Weidegründen der medizinischen Zunft. Ich weiß fast nichts über den Club. Wie sieht zum Beispiel das Mitgliederprofil aus? Überwiegend Geschäftsleute?«

»Größtenteils altes Geld aus San Francisco. Konservativ. Die meisten sind Coupon-Schnippler, bewahren ererbtes Vermögen. Roscoe macht da eine Ausnahme – deshalb gefällt er mir. Hat mit einundsiebzig immer noch hochfliegende Pläne. Mal sehen ... was sonst? Nur Männer, die meisten Anglos, *political incorrect* – ich habe das erste Mal vor zehn Jahren Einwände erhoben, aber die Dinge bewegen sich in dieser Gegend langsam, vor allem nach dem Mittagessen. Verstehen Sie, was ich meine?« Peter deutete verhalten auf die Stühle, auf denen zwei in Tweed gekleidete Achtzigjährige schnarchten, wobei sie sich immer noch an ihre Ausgaben der *London Financial Times* klammerten, als gälte es ihr Leben.

Als sie den Speiseraum erreichten, sprach Peter den Manager an: »Emil, wir wären dann soweit. Besteht vielleicht eine Chance, daß wir heute den wunderbaren *salmon en croute* bekommen? *Il est toujours délicieux.*«

»Ich glaube, ich kann den Küchenchef überreden, eigens für Sie welchen zuzubereiten, Mr. Macondo.«

»Emil, ich erinnere mich, wie wunderbar der Lachs im Circle Union Interalliée in Paris war.« Dann setzte Peter im Flüsterton an Emil gewandt hinzu: »Erzählen Sie mein Geheimnis nur keinem Franzosen, aber mir ist die Zubereitung hier lieber.«

Peter plauderte noch weiter angeregt mit Emil. Marshal bekam nichts von dem Gespräch mit, weil ihn die Pracht des Speisesaals aus dem Gleichgewicht brachte, nicht zuletzt eine gewaltige Porzellanschale, die die

Mutter aller prachtvollen Blumenarrangements enthielt – prachtvolle Orchideen der Gattung Cymbidium, die sich wie eine Kaskade über einen rotblättrigen Ahornzweig ergossen. Wenn meine Frau das nur sehen könnte, dachte Marshal. Die haben hier irgend jemand gewaltig viel für dieses Arrangement bezahlt – das wäre vielleicht eine Möglichkeit, wie sie ihr kleines Hobby in etwas Nützliches verwandeln könnte.

»Peter«, sagte Marshal, nachdem Emil sie zu ihrem Tisch geleitet hatte, »Sie sind so selten in San Francisco. Unterhalten Sie permanent eine aktive Mitgliedschaft in diesem Club so wie in Zürich oder Paris?«

»Nein, nein, nein«, sagte Peter und lächelte über Marshals Naivität. »Auf diese Weise würde der Lunch hier fünftausend Dollar das Sandwich kosten. All diese Clubs – der Circolo dell' Unione in Mailand, das Atheneum in London, der Cosmos Club in Washington, der Circle Union Interalliée in Paris, der Pacific Union in San Francisco, der Baur au Lac in Zürich – sind locker miteinander verknüpft. Die Mitgliedschaft in einem bietet einem Privilegien in allen anderen. So habe ich übrigens Emil kennengelernt: Er hat früher im Circle Union Interalliée in Paris gearbeitet.« Peter nahm die Speisekarte auf. »So, Marshal, fangen wir mit einem Drink an?«

»Für mich nur etwas Wasser, Calistoga.«

Peter bestellte einen Dubonnet und Soda und hob, als die Getränke kamen, sein Glas. »Auf Sie und die Marshal-Streider-Vortragsreihe.«

Marshal errötete. Der Club hatte ihn derart überwältigt, daß er ganz vergessen hatte, Peter zu danken.

»Peter, die von Ihnen gestiftete Vortragsreihe – was für eine Ehre. Ich wollte Ihnen gleich als erstes danken, aber mein letzter Patient geht mir einfach nicht aus dem Kopf.«

»Ihr letzter Patient? Das überrascht mich. Irgendwie hatte ich das Gefühl, daß die Patienten, wenn sie wieder gehen, dem Therapeuten erst wieder in den Sinn kommen, wenn sie sich wieder zu ihrer nächsten Stunde einfinden.«

»So wäre es auch am besten. Aber – und das ist ein Geschäftsgeheimnis – selbst die diszipliniertesten Analytiker tragen ihre Patienten mit sich herum und führen zwischen den Sitzungen stumme Gespräche mit ihnen.«

»Und das ohne zusätzliches Honorar!«

»Ah, das stimmt leider. Nur Anwälte können Zeit zum Nachdenken in Rechnung stellen.«

»Interessant, interessant! Sie sprechen da vielleicht für alle Therapeuten, Marshal, aber ich habe die Vermutung, daß Sie vor allem für sich selbst sprechen. Ich habe mich oft gefragt, warum ich von anderen Therapeuten so wenig hatte. Vielleicht liegt es daran, daß Sie Ihrer Arbeit mit größerer Hingabe nachgehen – vielleicht bedeuten Ihre Patienten Ihnen mehr.«

Der *salmon en croute* kam, aber Peter ignorierte ihn, während er Marshal erzählte, daß auch Adriana mit ihren früheren Therapeuten überaus unzufrieden gewesen sei.

»Tatsächlich«, fuhr er fort, »ist das einer von zwei Punkten, über die ich heute mit Ihnen sprechen wollte, Marshal. Adriana würde sehr gern für ein paar Sitzungen mit Ihnen arbeiten: Es gibt da einiges in ihrer Beziehung zu ihrem Vater, das sie gerne bereinigen würde, vor allem jetzt, da er möglicherweise nicht mehr lange zu leben hat.«

Marshal, ein genauer Beobachter von Klassenunterschieden, wußte schon seit langem, daß die Oberklasse bewußt den Augenblick hinauszögerte, da sie den ersten Bissen einer Speise nahm; tatsächlich konnte man fast sagen, daß, je älter der Reichtum, desto länger der erste

Bissen auf sich warten ließ. Marshal tat sein Bestes, genauso lange zu warten wie Peter. Auch er ignorierte den Lachs, nippte an seinem Calistoga, lauschte aufmerksam, nickte und versicherte Peter, daß er Adriana mit Freuden zu einer Kurzzeittherapie annehmen werde.

Schließlich konnte Marshal es nicht länger aushalten. Er griff zu. Er war froh, daß er Peters Empfehlung bezüglich des Lachses gefolgt war. Es war köstlich. Die zarte, gebutterte Kruste knisterte und zerging ihm auf der Zunge; der Lachs brauchte nicht gekaut zu werden – schon der leichteste Druck der Zunge gegen den Gaumen, und die mit Rosmarien gewürzten Bröckchen teilten sich, um auf einem Bett aus warmer, cremiger Butter seine Kehle hinunterzugleiten. Zum Teufel mit den Cholesterinwerten, dachte Marshal geradezu boshaft.

Peter warf zum ersten Mal einen Blick auf sein Essen, fast als sei er überrascht, es dort zu sehen. Er nahm einen herzhaften Bissen, legte dann die Gabel weg und begann von neuem zu sprechen.

»Gut. Adriana braucht sie. Ich bin sehr erleichtert. Sie wird Sie heute nachmittag anrufen. Hier ist ihre Karte. Fall sie Sie nicht erreichen kann, wäre sie dankbar, wenn Sie sie anrufen würden, damit Sie für nächste Woche einen Termin abmachen können. Wann immer Sie Zeit haben: Sie wir ihre übrigen Termine entsprechend einrichten. Außerdem – und ich habe das mit Adriana geklärt – möchte ich gern für Adrianas Stunden bezahlen, Marshal. Hier ist das Honorar für fünf Sitzungen.«

Er reichte Marshal einen Umschlag mit zehn Einhundert-Dollarscheinen. »Ich kann Ihnen gar nicht sagen, wie dankbar ich bin, daß Sie mit Adriana arbeiten wollen. Und das vergrößert natürlich meinen Wunsch, meine Schuld Ihnen gegenüber zurückzubezahlen.«

Marshals Interesse war geweckt. Er hatte angenommen, daß die Vortagsreihe ein Zeichen dafür sei, daß sein

Schicksalsfensterchen sich auf ewig geschlossen habe. Aber das Schicksal hatte, so schien es, beschlossen, ihn noch einmal in Versuchung zu führen. Aber er wußte, daß seine Professionalität die Oberhand behalten würde: »Sie haben vorhin von zwei Themen gesprochen, die Sie mit mir besprechen wollten. Das eine betraf die Therapie für Adriana. Ist Ihr fortgesetztes Gefühl, mir noch etwas schuldig zu sein, der zweite Punkt?«

Peter nickte.

»Peter, Sie müssen diesen Gedanken überwinden. Sonst – und das ist eine ernsthafte Drohung –, muß ich Ihnen nahelegen, daß Sie Ihre Reise drei oder vier Jahre aufschieben, damit wir dieses Problem in der Analyse klären können. Lassen Sie mich wiederholen: *Sie sind mir nichts schuldig*. Sie haben meine Dienste in Anspruch genommen. Ich habe ein angemessenes Honorar in Rechnung gestellt. Dieses Honorar haben Sie bezahlt. Sie haben sogar mehr als mein Honorar bezahlt. Wissen Sie noch? Und dann waren Sie so freundlich und so großzügig, eine Vortragsreihe unter meinem Namen zu stiften. Es hat nie eine offene Schuld gegeben. Und selbst wenn es so wäre, haben Sie sie mit Ihrem Geschenk beglichen. Und mehr als beglichen: Ich fühle mich Ihnen verpflichtet!«

»Marshal, Sie haben mich gelehrt, aufrichtig mit mir selbst zu sein und meine Gefühle offen auszudrücken. Also werde ich jetzt genau das tun. Haben Sie ein paar Minuten Geduld mit mir. Hören Sie mich nur an. Fünf Minuten. In Ordnung?«

»Fünf Minuten. Und dann werden wir das Thema für immer begraben. Einverstanden?«

Peter nickte. Mit einem Lächeln nahm Marshal seine Armbanduhr ab und legte sie zwischen sich und Peter.

Peter griff nach Marshalls Uhr, betrachtete sie einen Augenblick lang mit großer Aufmerksamkeit, legte sie dann wieder auf den Tisch und begann zu sprechen. »Erstens: Ich möchte eine Sache klären. Ich käme mir wie ein Betrüger vor, wenn ich Sie in dem Glauben ließe, die Spende an die Universität sei tatsächlich ein Geschenk an Sie. Die Wahrheit ist, daß ich der Universität fast jedes Jahr in bescheidenem Umfang eine Spende zukommen lasse. Vor vier Jahren habe ich eben den Lehrstuhl im Bereich Wirtschaftswissenschaften gestiftet, den mein Vater innehatte. Ich hätte die Spende also ohnehin gemacht. Der einzige Unterschied besteht darin, daß ich das Geld für Ihre Vortragsreihe bestimmt habe.

Zweitens: Ich verstehe Ihre Gefühle bezüglich Geldgeschenken vollkommen, und ich respektiere sie. Ich möchte Ihnen jedoch einen Vorschlag machen, den Sie vielleicht annehmbar finden werden. Wieviel Zeit habe ich noch?«

»Drei Minuten, und die Zeit läuft«, grinste Marshal.

»Ich habe Ihnen nicht viel über meine Geschäftstätigkeit erzählt. Es handelt sich überwiegend um den Kauf und Verkauf von Firmen. Ich war in dieser Funktion einige Jahre lang für Citycorp tätig, bevor ich mich selbstständig machte. Ich schätze, daß ich im Laufe der Jahre mit dem Erwerb von über zweihundert Firmen zu tun hatte.

Letztens bin ich auf eine holländische Firma gestossen, die so erstaunlich unter Preis angeboten wurde und ein so gewaltiges Profitpotential hat, daß ich sie für mich selbst gekauft habe – vielleicht bin ich egoistisch, aber meine neue Partnerschaft steht noch nicht ganz. Wir bringen zweihundertfünfzig Millionen auf. Die Gelegenheit, diese Firma zu kaufen, besteht nur kurze Zeit, und, ich will ehrlich sein, sie ist zu gut, um sie mit jemandem zu teilen.«

Ohne es zu wollen, war Marshal fasziniert. »Und?«

»Einen Augenblick noch, alles der Reihe nach. Diese Firma ist weltweit der zweitgrößte Hersteller von Fahrradhelmen, mit einem Marktanteil von vierzehn Prozent. Der Verkauf lief ganz gut im letzten Jahr – dreiundzwanzig Millionen Stück –, aber ich bin mir sicher, daß ich diese Zahl in zwei Jahren vervierfachen kann. Aus folgendem Grund: Der größte Marktanteil – sechsundzwanzig Prozent – entfällt auf die Solvag, eine finnische Gesellschaft, und wie es der Zufall will, hält mein Konsortium die Aktienmehrheit bei der Solvag. Und ich verfüge über die Kapitalmehrheit des Konsortiums. Solvags wichtigstes Produkt sind aber Motorradhelme, und dieser Produktzweig ist um vieles profitabler als die Fahrradhelmproduktion. Ich habe vor, Solvag durch Verschmelzung mit einem österreichischen Motorradhelmhersteller, dem ich ein Angebot gemacht habe, aufzupeppen. Wenn es dazu kommt, wird Solvag die Fahrradhelmproduktion einstellen und die gesamte Produktionskapazität zur Herstellung von Motorradhelmen nutzen. Bis dahin habe ich auch die Produktionskapazität bei Rucksen ausgebaut, so daß diese Gesellschaft bereitsteht, die von Solvag hinterlassene Lücke zu besetzen. Verstehen Sie, wie wunderbar das alles passen wird?«

Marshal nickte. Natürlich verstand er das. Eine wunderbare Geschichte aus der Sicht eines Insiders. Und er begriff auch die Vergeblichkeit seiner jämmerlichen Versuche, mit nichts als den wertlosen Krumen an Information, die für die Outsider abfielen, die Entwicklung am Aktienmarkt einzuschätzen und sich ein Vermögen zusammenzuspekulieren.

»Nun also zu meinem Vorschlag.« Peter blickte auf die Uhr. »Ich brauche noch ein paar Minuten länger. Ich plane, mit Rucksen in etwa zweiundzwanzig Monaten an die Börse zu gehen und kann aus sehr guten Gründen mit einer Verfünffachung des Kaufpreises rechnen. Solvags Rückzug aus dem Bereich Fahrradhelme wird Rucksen vom einzig mächtigen Konkurrenten befreien – davon weiß natürlich niemand außer mir, Sie müssen es also vertraulich behandeln. Darüber hinaus verfüge ich über Informationen – die Quelle kann ich nicht nennen, nicht einmal Ihnen –, daß in nächster Zukunft in drei europäischen Ländern für Kinder die gesetzliche Helmpflicht beim Radfahren eingeführt werden soll.

Ich schlage Ihnen vor, sich an der Investition mit, sagen wir, einem Prozent zu beteiligen – nein, einen Augenblick noch, bevor Sie ablehnen: Es ist *kein* Geschenk, und ich bin nicht mehr Ihr Patient. Es handelt sich um eine Investition auf Treu und Glauben. Sie geben mir einen Scheck und werden damit Anteilseigner. Unter einem Vorbehalt allerdings, und was diesen Punkt betrifft, bitte ich Sie, mir etwas entgegenzukommen: Ich möchte mich nicht noch einmal in der gleichen Situation wiederfinden wie mit Dr. Black. Sie wissen doch noch, welchen Kummer mir diese Sache gemacht hat?

Also«, fuhr Peter jetzt etwas zuversichtlicher fort, denn er spürte Marshals wachsendes Interesse, »hören Sie sich meine Lösung an. Um *meiner* seelischen Gesundheit willen möchte ich, daß die ganze Sache für *Sie* frei von jedem Risiko ist. Ich werde Ihren Teil jederzeit zurückkaufen, falls Sie sich mit der Investition nicht mehr recht wohl fühlen, und zwar zu Ihrem Einkaufspreis. Am besten gebe ich Ihnen einen Schuldschein, für den ich persönlich hafte – vollkommen abgesichert und auszahlbar jederzeit auf Verlangen –, über einen Betrag, der einhundert Prozent Ihrer Investition entspricht, zuzüglich zehn Prozent Zinsen pro Jahr. Aber Sie müssen *mir* versprechen, daß Sie diesen Schein auch benutzen werden, wenn unvorhergesehen Ereignisse eintreten – wer weiß schon, welche?... Präsidentenmord, ein tödlicher

Unfall, der mir zustößen könnte, oder irgendetwas anderes, von dem Sie den Eindruck haben, daß es Sie einem Risiko aussetzt. Mit anderen Worten, Sie verpflichten sich, den Schein im Falle eines Falles tatsächlich zu benutzen.«

Peter lehnte sich zurück, nahm Marshals Uhr vom Tisch und gab sie ihm zurück. »Siebeneinhalb Minuten. Das war's.«

Marshals Denkmaschinerie lief auf Hochtouren. Und endlich einmal war kein Sand im Getriebe. *Neunzigtausend Dollar*, dachte er. *Ich mache dabei, sagen wir, siebenhundert Prozent – das wäre ein Gewinn von mehr als sechshunderttausend Dollar. Wie könnte ich, wie könnte irgend jemand das ablehnen? Wenn ich das Ganze dann mit zwölfprozentiger Verzinsung anlege, dann bedeuten das zweihundertsiebzigtausend Dollar pro Jahr, solange ich lebe. Es ist kein Übertragungsgeschenk – ich bringe ja Geld auf, es ist eine Investition. Und soll es doch ohne jedes Risiko sein! Das ist eine Privatsache. Standesrechtlich ohne Fehl und Tadel. Sauber. Absolut sauber.*

Marshal ließ von seinen Gedanken ab. Es war an der Zeit zu handeln. »Peter, in meiner Praxis habe ich nur einen Teil von Ihnen kennengelernt. Inzwischen kenne ich Sie besser. Ich weiß jetzt, warum Sie stets so erfolgreich sind. Sie setzen sich ein Ziel und verfolgen es dann – verfolgen es mit einer Beharrlichkeit und Intelligenz, wie ich es selten erlebt habe... und auch mit Eleganz.« Marshal streckte die Hände aus. »Ich nehme Ihr Angebot an. Mit Dankbarkeit.«

Der Rest des Geschäfts war schnell erledigt. Peter bot Marshal eine Teilhabe an der Gesellschaft für jeden beliebigen Betrag bis zu einem Prozent des Gesamtpreises an. Marshal entschloß sich, da er nun schon einmal so weit war, mit beiden Händen zuzugreifen und das Maximum von Neunzigtausend zu investieren. Er würde das

Geld durch den Verkauf seiner Wells-Fargo-Aktien und seiner Bestände bei Fidelity flüssig machen und innerhalb von fünf Tagen an Peters Züricher Bank kabeln. Peter würde den Kauf von Rucksen in acht Tagen abwickeln und mußte nach niederländischem Recht alle Anteilseigner eintragen lassen. Aber noch bevor er nach Zürich zurückkehrte, wollte er einen abgesicherten Schuldschein ausstellen und in Marshals Praxis hinterlassen.

Am gleichen Nachmittag – Marshal hatte gerade seinen letzten Patienten verabschiedet – erschien ein pickelübersäter, halbwüchsiger Fahrradkurier in Jeansjacke, mit magentafarbenen, fluoreszierenden Armbinden und der obligatorischen, verkehrt herum aufgesetzten Baseballmütze der San Francisco Giants und händigte Marshal einen braunen Umschlag mit einem notariell beurkundeten Brief aus, in dem alle Aspekte der Transaktion schriftlich festgehalten waren. In einem zweiten Schreiben, das von Marshal zu unterzeichnen war, verpflichtete dieser sich, die volle Zurückzahlung seiner Investition zu verlangen, falls aus irgendeinem Grund der Wert von Rucksen unter den Kaufpreis absinken sollte. Außerdem lag noch eine Notiz von Peter bei: »Um Ihren Seelenfrieden vollkommen zu machen, werden Sie am Mittwoch über meinen Anwalt einen abgesicherten Schuldschein erhalten. Viel Spaß mit dem kleinen Andenken an die Unterzeichnung unserer Partnerschaft.«

Marshal griff noch einmal in den Umschlag und zog eine Schachtel des Juweliers Shreve hervor. Er öffnete sie, pfiff durch die Zähne und legte sich seine erste juwelenbesetzte Rolex-Armbanduhr an.

Heinrich Mann

In der schwarzhumorigen Erzählung **Die Armen** *schildert Heinrich Mann die Aktivitäten einer »Generalagentur für das gesamte Leben«. Der Agentur-Inhaber von Praß ist ein Patriarch von seltener Robustheit, und ganz gleich, ob er Unmögliches am Börsenmarkt bewirken oder eine noch gänzlich ungeschriebene Oper lancieren soll – »von Praß macht alles!« lautet der Eigen-Werbeslogan der Agentur. – Hier erzählt Heinrich Mann, wie man durch gezielte Förderung der Künste den internationalen Boden für eine Aktien-Emission bereitet – ein Schelm, wer vermutet, es könnten von Heinrich Manns Agentur aus Parallelen gezogen werden zu jenen hochspezialisierten und erfolgreichen Agenturen für Finanzdienstleistung, welche zunehmend das Going Public von Unternehmen beratend begleiten…*

Am Haus stand: »Generalagentur für das gesamte Leben, von Praß macht alles.« – »Und dies ist die lautere Wahrheit«, erklärte Kurschmid, indes sie hinaufgingen. »Das Leben, oder was von Praß so nennt, besteht aus Gelderwerb und Vergnügen. Infolgedessen unterhält er vor allem einen Ratgeber für Börsengeschäfte oder dieser ihn. Die Papiere, für die er in seinem Blatt sich einsetzt, erleben meistens eine Blüte und immer einen Zusammenbruch, an beiden aber war er interessiert. Ist es von da ein weiter Schritt bis zur Vermittlung reicher Liaisons?«

»Abteilung Vergnügen«, bemerkte Terra.

»Abteilung B stellt unter anderem Verbindungen mit dem Hof her, wenn nicht schon Abteilung es tät.«

»Und ich?«

»Einen Augenblick. Wir versenden Ausstellungen, leiten Gastspiele, machen berühmte Namen. Auch hier, wie auf dem anderen Börsenmarkt, arbeiten wir mit den Mitteln des kleinen Mannes, es sind die größten. Die gesamte Künstlerschaft beteiligen wir.«

»Wir?«

»Ich bin der Reklamechef«, sagte Kurschmied bescheiden. »Wollen Sie es statt meiner werden?«

»Ich bin kein Enthusiast wie Sie, und darum kaum berufen.«

«Von Praß fragt nie nach Referenzen. Dagegen verlangt er, daß Sie sich ihm durch eine sofortige Ausnahmeleistung für die ersten fünf Jahre bezahlt machen.«

»Er zahlt?«

»Höchstens genug, daß Sie ihm nicht fortlaufen.«

»Es scheint, auch das nicht; denn Sie wollen fort.«

Kurschmied zögerte. »Mich treiben persönliche Gründe«, gestand er und ward rot. ...

Schon standen sie in dem weit offenen Vorzimmer der Generalagentur für das gesamte Leben. Es hatte zwei kreisrunde Causeusen aus rotem Plüsch, ihre gefällig drapierte Mitte trug staubgraue Papiersträuße. Zu der frühen Stunde saßen darauf nur erst ein älterer Mann ohne Bart und zwei junge seiner Art, sie murrten. Gerade trat auch eine Dame ein, schön und elegant, nun vereinigten sich alle mit ihr, um laut zu schelten. »Der Raum stellt die festliche Seite des Lebens dar«, erklärte Kurschmied und lenkte die Aufmerksamkeit seines Begleiters auf die goldenen Kranzschleifen an den Wänden, alle die schwungvoll gerahmten Bilder von Höhenmenschen beiderlei Geschlechts in Stellungen, die volles Vertrauen zum Leben ausdrückten. Im besten Licht stand eine kleine Plakatsäule, verheißend bot sie vielstellige Zahlen riesenhaften Formats dar, und die blühenden Gestalten der tanzend abgebildeten Varietenummern verhießen eher noch mehr.

Links eine verhängte Glastür, aber drüben sah man in das nächste Gemach. Hinter einer hölzernen Schranke, die einen Kassenschrank schützte, bewegte jemand sich sprungweise hin und her, wie ein Tier des Waldes. »Herr Seifert?« fragte Kurschmied dort hinein. »Kommt der Herr Direktor?« – »Kommt nur, wenn Sie es nicht ahnen«, erscholl es zurück. Seifert fuhr sich mit der Hand wie der Blitz zwischen die Haarsträhnen, setzte über ein Papierbündel, blätterte auf dem Tisch, flink, flink wie ein Tier dürres Laub durchwühlt, in vielen kleinen Zetteln und war schon wieder bei der Kasse. Daneben stand aus der Wand die Öffnung eines Schallrohres. Kurschmied näherte sich ihm vorsichtig – da riß er den Hut vom Kopf, eine unförmliche Stimme drang aus dem Loch. »Sehr wohl, Herr Direktor, sofort bitte«, sagte Kurschmied mit Verbeugung. Dann zog er, leise und eilig, Terra mit fort – in das Innere. Die Bewohner des Vorzimmers sahen verstummt hinterdrein. ...

»Alle Wetter«, dachte Terra. »Worauf habe ich mich da eingelassen.«

Der Direktor eröffnete ihm aber kurzweg, wie sein Reklamechef sich zu verhalten habe. »Er soll sie nicht nur machen, er soll sie auch sein.« Das Publikum hatte aus dem Verkehr mit Terra den untrüglichen Eindruck zu gewinnen, daß jedermann Gott danken müsse, geboren zu sein, weil er so die Gelegenheit erhalten habe, sein Geld in die Generalagentur für das gesamte Leben zu tragen. »Lassen Sie sich nie, und wenn es tote Katzen regnet, durch Sachlichkeit beirren. Gut ist, was Erfolg hat. Für den Erfolg werden Sie bezahlt.«

»Wie hoch?« fragte Terra. Der Direktor zuckte nicht. »Ihr Posten«, sagte er, »ist eine Neuerung, sogar die wichtigste in der Geschichte des reinen Geistes. Es ist erreicht, er wird dem gesamten Leben nutzbar gemacht.«

»Ihre Generalagentur, Herr von Praß, verlangt von sich das Höchste.«

»Sie haben nichts, stellen nichts vor und treten an die Dinge mit sittlichen Forderungen hinan. Sie sind genau das, was man jetzt anfängt, einen Intellektuellen zu nennen.«

»Sie haben ein zu gesundes Selbstbewußtsein, Herr Direktor, um sich zu verhehlen, daß auch der Schwindel eine geistige Leistung ist«, sagte Terra scharf. Der Direktor, ohne zu zucken: »Die besonderen Hemmungen des Intellektuellen, die Herrn Kurschmied belasten, stören Sie nicht, Sie werden weit kommen. Voraussetzung ist –« ...

In diesem Augenblick gab das Telephon sein Zeichen. Der Direktor neigte aus einem Sessel das Ohr gegen die Wand. »Wer untersteht sich?« fragte er barsch. »Was? Wer? Sie sind schon wieder da? Lauter!« Die Person drüben verursachte in der Leitung ein verzweifeltes Getöse, jetzt hatte der Direktor verstanden. »Was ich mache? Alles.« – »Wie? Was?« begann er wieder. »Die Aktien sind nicht zu bekommen? Weiß ich, ist nicht zu machen. Ich natürlich mache es, ich mache alles. Mit Ihrem Geld, sagen Sie? Wieviel? Lauter! Sie können nicht mehr schreien? Wer mir Geld gibt, muß schreien. Siebzig? Weil Sie es sind, siebzigtausend nehme ich. Zahlen Sie an der Kasse!« Er füllte ein Papier aus und trug es hinter die Bücherattrappe. Dann stellte er sich vor Terra auf, er lächelte großartig, indes er mit einer Verbeugung die gesenkten Arme öffnete, als sagte er: »Geschwindigkeit ist keine Hexerei.« Hiernach faßte er Terra ins Auge, in das eine; das andere schloß er. »Wenn nun statt meiner Sie allein soeben hier gewesen wären?« Das weit offene Auge verhieß eine ganze Welt von Durchtriebenheit; wer so angesehen ward, mußte mitschmunzeln. »Und Sie reden von hundertfünfzig Mark«, schloß der Direktor herumwippend. Terra konnte nur den Kopf senken.

»Seien wir ernst!« verlangte der Direktor. Er versah sich mit einer Mappe, drehte seinen Sessel dem Kamin zu und legte die Füße auf das Gitter. »Ich gebe Ihnen knapp, kurz, bindend meine Direktiven. Sie haben schöpferisch danach vorzugehen. Aktuell sind heute zwei entscheidende Sachen: die Zulassung an der Börse für unser neuestes Papier – ein Papier, nehmt alles nur in allem, hier haben Sie die Unterlagen; und zweitens eine Oper.«

»Ich werde sie schreiben lassen«, versprach Terra. – »Eine noch unbekannte Oper von hoher Hand soll uns anvertraut werden«, berichtigte der Direktor und zog die Brauen hinauf. »Noch haben wir sie nicht, aber wir müssen sie haben. Sie ist von einer Hand, mit der verbündet wir Weltmacht werden.«

Terra verneigte sich, zum Zeichen, daß er zu verstehen beginne. Der Direktor machte eine Pause, des Eindrucks wegen und um sich vorzubereiten. Inzwischen drehte sich hinter seinem Rücken die Polstertür links. Ein stattlicher Mann in feinem blauen Anzug, mit Bauch, Glatze, blondem Spitzbart, ging sicher und beschwingt hinter die Bücherattrappe, knisterte dort eine Weile mit Papieren und kam wieder hervor, in der Hand, was er gefunden hatte. Der vom Direktor kürzlich ausgefüllte Zettel war es. Der stattliche Mann nahm keine Rücksicht auf Terra. Erst bei der Tür wandte er seine von fetten Wangen eingeengten Äuglein her und blinzelte witzig. Schon war er fort; und als habe der Hintergrund immer so leer gelegen wie jetzt, wiederholte der Direktor: »Weltmacht.« Er setzte neu an.

»Zu diesem Zweck bringen wir die Oper im Ausland heraus. Petersburg. Monte Carlo. Wir bearbeiten die Plätze, hier das Material. Ausstrahlen aber müssen wir mit unserer eigenen Presse. Die Schwierigkeit ist, daß offiziell nichts verlauten darf. Ihre Sache, Gerüchte zu verbreiten. Tauchen Sie die Menschheit in ein aufregendes Dunkel. Wer nichts weiß, kann alles wagen.«

»Mein gewohnter Zustand«, sagte Terra, in dem ein Plan entstand. »Ich mache mich hiermit anheischig, das hohe Meisterwerk an uns zu locken. Wenn in den nächsten vierundzwanzig Stunden nichts Neues geschieht, können Sie mich als hoffnungslos unbegabt zum Teufel schicken.«

»Das ist meine Absicht. Wer nicht als Sieger anfängt, kommt nie ans Ziel. Zuerst Erfolg – dann meinetwegen Arbeit.«

Plötzlich setzte der Direktor sich zurecht, er hörte etwas. in der Versenkung rechts entstand ein Rascheln – und der Direktor, der taub blieb, wenn Geld kam, und auch, wenn es davonlief, hier hörte er. Ein Schritt; ganz leicht und verschwiegen knarrte drunten die Treppe, aber der Direktor war schon auf den Füßen. »Fertig, gehen Sie!« Ein Hut mit Veilchen schwebte herauf. Der Direktor stampfte. Mit seiner Person verdeckte er dem Störer die Aussicht und drängte ihn zur Polstertür links. Bevor sie sich schloß, erspähte Terra noch gelbes Haar und ein Stück Schleier.

Terra sah sich in einem gut ausgestatteten Schreibzimmer. Auf dem Teppich ging jemand umher, der freche Dickwanst von soeben. Hinter der Glastür drüben war ein Gesumm wie von einer beträchtlichen Anzahl Menschen. Terra hob die Gardine: das Vorzimmer. Er hatte also um die Generalagentur für das gesamte Leben die Runde gemacht. Das Vorzimmer hatte sich bevölkert, zur Qual des gehetzten Seifert. Er sprang von Augenblick zu Augenblick an sein Geländer, um gegen die Menge eine zurückdrängende Gebärde zu machen.

Einer, der zu wild tat, durfte in die Öffnung des Schallrohrs brüllen – brüllte aber scheinbar umsonst. Rückwärts standen Wartende mit zuversichtlichen Mienen; in einem rotgesprenkelten Mann, der sich die Hände rieb, ahnte Terra den Glücklichen, der seine siebzigtausend Mark hatte abliefern dürfen.

Als Terra die Tür öffnete, hielt eine Hand auf seiner Schulter ihn fest. »Mein Name ist Mohrchen«, sagte der Dicke, mit seinen witzigen Äuglein. »Entschuldigen Sie, daß ich vorhanden bin. Dies ist nämlich Ihr Zimmer, darf ich Sie bekannt machen?« …

»Ich bin stark beschäftigt«, sagte Terra gemessen.

»Und ich?« fragte Mohrchen mitleidig. »Ich habe nämlich das Auswärtige. Ich laufe. Wo bliebe ich sonst mit meinem Fett.« Noch einmal durchtrieben gelächelt, und der Dicke öffnete schon die Hintertür. »Er tut Ihnen wohl leid?« fragte er unter der Tür, mit einem Kopfrücken nach der Seite des Direktors.

»Schurke«, sagte Terra hinter ihm drein.

Er prüfte die vom Direktor erhaltenen Schriftstücke und begann kurz entschlossen zu schreiben. Den Lärm im Vorzimmer hörte er schon nicht mehr. Die Zunge bewegte sich ihm zwischen den Lippen vor Vergnügen. »Bravo!« sagte er zu seinem jungen Talent. Was es hervorbrachte, war eine durch keinerlei Mitwisserschaft gehemmte Phantasie über die Oper des hohen Herrn, den er ein zivilisatorisches Genie von höchstem Rang nannte – aber die blühende Wiedergabe des Kunstwerkes diente zugleich als Lockung für das benachbarte und befreundete Land, das nicht nur die Oper spielen sollte, sondern wo auch das zur Zulassung an der Börse empfohlene Papier zu Hause war. »Sonderbar« – dies fiel ihm auf – «der Artikel umfaßt A und B, Geschäft und Vergnügen, somit das gesamte Leben, und doch ist alles Hirngespinst, Geistererscheinung oder Schwindel: kein

Mensch könnte jetzt noch beschwören, was.« Er ging an die Polstertür. »Hinter diesen Matratzen sitzt mein Direktor, hält sich, bei seinen Attrappen und seinem Telephon, für einen ausgekochten Lebenskenner und ahnt nicht, daß er nur ein kümmerlicher Poet in der Dachkommer ist, dem es verdammt hineinregnen könnte.«

Er schlug das Telephonbuch auf. »Der Schurke hatte recht, er tut mir leid, ich will ihm helfen gegen den Schurken.« Und das Sympathische an dem Direktor? »Daß er erschrickt, wenn die Wirklichkeit heraufsteigt. Am Rande der Versenkung erschien ein Veilchenhut und ein wenig gelbes Haar, da fielen ihm die Schuppen von den Augen, es ward ernst, und er kam außer sich, der arme Narr.«

Terra rief an, mit dem Vorsatz: »Abgefeimter soll selbst mein Meister einem Geschäft nicht zu Leibe gehen.« – »Herr Doktor«, sagte er dem Redakteur, der sich meldete, «Sie sind der hervorragendste Börsenfachmann der Berliner Presse. Dies ist weltbekannt, ich will nicht der fünfhundertste sein, der Sie damit langweilt.« Hierauf sagte er in verschiedenen Wendungen und Tonlagen etwa zehnmal dasselbe, und der andere ließ es sich einträufeln. »Von Grund aus neu und einzig aber, Herr Doktor, wirken Sie auf den Untenstehenden erst vom Postament Ihrer Kultursendung herab.« – »Schluckt er es?« fragte Terra sich besorgt. Aber jener schien Beifall zu murmeln. »Von allen Börsenberichterstattern«, rief Terra gehoben, »haben Sie allein einer wirtschaftstechnischen Funktion das Mittel für völkerverbindende Zwekke abgelauscht und gönnen sich keine Ruhe, bis Sie nicht auch die Seele einer Nation uns nähergerückt haben, deren Lose wir kaufen sollen. Als heißer Bewunderer Ihrer wissenschaftlichen Ausflüge in die unserem Unternehmungsgeist zu erschließenden Länder – und sind es nicht, in ihrer stilistischen Farbigkeit, auch künsterlische

Taten? –« Nach weiteren fünf Minuten war Terra bei dem besonderen Fall, an dem ihm lag, und es schlug gerade Mittag, als er die Erlaubnis erlangt hatte, sofort seinen Artikel hinzubringen.

Uwe Timm

Ursprünglich war er Versicherungsagent, die Hauptfigur in Uwe Timms Roman **Kopfjäger**. *Mehr und mehr aber unternimmt er in einer Vorform von »Allfinanz« auch andere Anlageberatungen. Akquiriert wird dabei, wo immer es möglich, sprich umsatzverheißend ist. So treten im folgenden zwei Makler, ein Immobilien-Makler namens Becker und der Börsen-Makler, in eine spannungsreiche Geschäftsbeziehung ein*

Sie haben an der Heizung gespart, sagte Herr Glaser.

Er wollte das Geld nicht herausrücken, er behielt die Kaution. Britt und ich gingen nochmals in sein Maklerbüro, drohten mit einer Klage, falls er uns nicht sofort und soweiter. Da stemmte er sich aus seinem Bürosessel, ging zur Tür, riß sie auf, sagte, raus, sofort, oder ich hol die Polizei.

Ich knall Ihnen eine Anzeige an den Hals, sagte ich.

Klagen Sie, aber verschwinden Sie.

Wir klagten natürlich nicht. Wie hätten wir gegen einen solchen mit allen Wassern gewaschenen Halsabschneider klagen sollen?

Nein, ich habe mir ja vorgenommen, ehrlich zu sein. Vielleicht würde der Onkel einen Makler auf diese Weise schildern. Glaser hieß in Wirklichkeit Becker, und ich fand ihn zwar zutiefst widerlich, aber er hatte sich korrekt verhalten. Er hatte uns damals die Kellerwohnung vermietet, und wir waren froh, daß wir sie für 250 Mark Miete bekamen, und er hatte uns auch prompt die Kaution ausbezahlt.

Ich hatte ihn aus einem anderen Grund ausgesucht. Weil ich damals die Berufsgruppe Makler übernommen hatte, um sie zu Geldanlagen zu überreden. Wir gingen nämlich in der Werbung unserer Anleger nach Berufsgruppen vor. Dembrowski telefonierte die Juweliere ab.

Ich erinnerte mich an Becker (er sich natürlich nicht an mich), insbesondere daran, daß er Muscheln und Schnecken sammelte. Ich hatte ihn gefragt, ob er all die Schnecken und Muscheln selbst gesammelt habe. Einige ja. Die anderen habe er in Hamburg gekauft. Es sei aber sein Wunsch (er mußte mir damals ja nicht den erfolgreichen Makler vorspielen), einmal in die Südsee zu reisen und dort eine Cauri-Schnecke am Strand aufzusammeln.

Gerda hatte mich angemeldet. In dem, wie mir jetzt erst auffiel, erbärmlich billigen Büro saß ein alter Mann in einem schmuddeligen Anzug. Es roch. Wahrscheinlich hatte er seit Tagen nicht mehr die Unterhose gewechselt. Auf den Borden, auf dem Schreibtisch, auf der Fensterbank, auf dem Ablagetisch lagen noch immer die Muscheln, kleine, große, riesige, schneckenartig gedrehte, symmetrische, asymmetrische, rote, bläulichgelbe, grüne. Das war das Wunderbare an diesem sonst so tristen Büro.

Ich gab Becker meine Visitenkarte, sagte, wir suchten ein neues Büro, wir hätten jetzt Büroräume in der Ferdinandstraße, suchten aber ein größeres Büro (es stimmte, wir expandierten) möglichst mit Alsterblick. Das Büro, das wir suchten, war nicht nur eine Nummer, es war zwei Nummern zu groß für Herrn Becker. Das war mir klar. Er ließ seine Sacharbeiterin kommen, die sollte in der Kartei nach einem geeigneten Objekt suchen.

Während sie ein paar Muscheln beiseite räumte und in den abgegriffenen Karteikarten blätterte, fragte er nach dem Anlagegeschäft, fragte nach Sicherheit und nochmals nach Sicherheit.

Wieviel Prozente schaffen Sie?

Kommt drauf an, sagte ich.

Er habe sein Geld angelegt, sicher, allerdings nur mit 5 %. Dafür sehr sicher.

Na ja.

Er wartete. Er wollte hören, wieviel Prozent dieses Na ja besagte.

15 %, vielleicht 20 %.

Ich sah sofort, daß er Geld locker machen würde. Diese nur mühsam beherrschte Gier im Gesicht.

Sicher?

Sicher ist nur der Tod.

Ha, ha.

Er gehörte zu den Leuten, die Angst haben. Eine berufsbedingte, durch kleine und große Katastrophen vollgestopfte Angst, eine Angst, die jetzt in der Angst vor der ganz großen Katastrophe lebt.

Ich mochte Herrn Becker nicht, nicht etwa, weil er Makler war, das ist ein Beruf wie jeder andere, ich mochte einfach dieses graue Gesicht nicht, diese feinen aufgeplatzten Äderchen am Nasenrücken, nicht diese rötlich entzündeten Lider, nicht diese stumpfdunkelbraunen Augen, nicht diesen mißtrauischen Altmännerblick, nicht den Pißgeruch, nicht wie er, wenn er nachdachte, an seinem Zeigefinger roch, nicht sein schütteres gelbgraues Haar. Alles Dinge, wofür er nichts kann, würde Britt sagen, die nicht versteht, warum ich bestimmte Leute einfach vom Äußeren her ablehne, nein, abstoßend finde, nein, widerlich, ja, sie widern mich an, etwas, was die meisten Leute nur nicht zugeben mögen, denke ich, nicht zugeben dürfen.

Es fiel mir nicht schwer, Becker davon zu überzeugen, daß man mit 10000 nicht anfangen sollte, nicht kleckern, sondern klotzen.

Ich muß niemandem gefallen, jetzt nicht mehr, muß niemandem sympathisch erscheinen, muß keine Rücksicht auf die Öffentlichkeit nehmen, darum: Ich hatte nicht das geringste schlechte Gewissen. Nur als ich mit dem Lift hinunterfuhr, tat es mir einen Moment leid um seine Muschelsammlung, weil ich mir dachte, er wird sie wahrscheinlich verkaufen müssen.

Becker hatte mir gesagt, daß seine schönsten Stücke zu Hause seien. Das Haus liege abseits, ein kleines Haus, in den fünfziger Jahren gebaut, genaugenommen ein Häuschen, sagte er, um anzudeuten wieviel wert ihm diese 75000 Mark sind, seine Barschaft, sagte er. Er habe eine Alarmanlage in seinem Haus, das in der Nähe einer ehemaligen Kiesgrube gelegen sei, etwas abseits also. Aber was nutzte dort ein Alarmanlage, wenn auf dem Dach eine rote Signallampe anfinge zu rotieren, wenn eine Sirene heule? Das Haus des nächsten Nachbarn liegt so weit entfernt, daß er nichts sieht und nichts hört. Und wohl auch nichts sehen und hören will. Der Hund? Ja, aber man weiß, daß Hunde mit Tränengas schnell außer Gefecht zu setzten sind. Er fragte mich, wie ich die finanzielle Lage einschätze. Kann es zum großen Börsenkrach kommen?

Ja, sagte ich, das kann jederzeit passieren. Wenn auch nicht so dramatisch, wie es Martin sieht.

Wer issen das?

Ein Kommentator, schreibt in den Zeitungen. Der Mann sagt den Zusammenbruch des Weltwirtschaftssystems voraus.

Einen Big Bang, der schon bald kommen wird, der Börsensturz 1987 war nur die Vorahnung, dann, wenn der Kurs im freien Fall nach unten geht, nicht nur die kleinen Banken ihre Schalter schließen, sondern auch die Deutsche Bank, die Bank of America. Wenn es zu Massenentlassungen kommt, bei Ford und Mercedes, keine Hermeskredite, keine Rentenzahlungen mehr, auch die Münchner Rückversicherung kann nicht mehr rückversichern, dann rotten sich Arbeitslose zusammen, standesbewußte Banker springen aus den Fenstern, Homelesspeople steigen aus den U-Bahnschächten, dringen in die verspiegelten Bankkathedralen ein, wärmen sich an den Feuern aus kleingehackten Mahagonitischen und zeitgenössischen Ölbildern, schlafen auf den schweinsledernen Sesseln, auf den hellgrauen Spannteppichen, während das Ungeziefer aus den Leitungen kriecht, das über Jahre mühsam und mit allen nur erdenklichen Mitteln zurückgeschlagen wurde, all die Ratten, Kakerlaken, Mäuse, die dann aus Kellern, Leitungsrohren, Abflußrohren hochkommen. Tankstellen werden überfallen, Supermärkte geplündert, Banden ziehen mit abgesägten Flinten durch die Straßen, Polizisten, die auf keine Pension mehr hoffen können, durchstöbern mit gezückten Dienstpistolen Feinkostläden, mit Knüppeln bewaffnete Richterbanden organisieren Mehl und Milch beim Erzeuger, also bei den Bauern, die sich mit Sensen und Schrotflinten verteidigen. Glücklich, wer einen Kanonenofen in der Wohnung hat, der Straßenbäume und Parkett verheizen kann, die Flicks und Fincks irren als Postboten verkleidet durchs Land. Ihre großen Villen wurden geplündert, ihre schönen Frauen geschändet.

Schon seit Jahren gibt es Modelle für Überlebensstrategien mit einem entsprechenden Trainingsprogramm für die Reichen und Reichsten, Strategien, die jeder studieren sollte, der freiberuflich, selbständig in gefährdeten Berufen arbeitet: also Makler, Banker, Wirtschaftsanwalt oder Meinungsforscher ist.

Tatsächlich? sagte Becker.

Ja. Martin empfiehlt den Reichen, schon jetzt nicht öffentlich aufzufallen, in keine der Klatschspalten zu kommen (also genau das Gegenteil von dem zu versuchen, was all die Schickimickis tun, sich zeigen, wahrgenommen, bewundert werden wollen), einfach weil der Neid ein gutes Gedächtnis hat. Am besten sei, meint Martin, eine Yacht zu kaufen, damit man, bricht das Wirtschaftschaos aus, auf die hohe See fliehen kann. Wobei ich glaube, es ist kein kluger Rat. Denn Martin vergißt: Yachten brauchen Besatzungen, die Leute können meutern, und dann, jeder Fischkutter wird zum Piraten, alle gegen alle, jeder gegen jeden, auch auf der hohen See. Was helfen dann die Zerobonds, die Strips, Early Bird, Receipts, Floater, Cats, Tigres, Mismatchs, die Staaten sind pleite (die USA sind es ja schon).

Ja, sagte Becker und zog den Zeigefinger schnüffelnd unter der Nase entlang, was soll man da machen?

Vielleicht hat ihn der Onkel inzwischen besucht. Hat, wie ich, in diesem mit billigen Büromöbeln vollgestellten Büro gesessen. Rechts neben dem Schreibtisch mit hölzernen Rolläden eine dieser deprimierenden Zimmerlinden (deprimierend, weil sie mit ihrem schmalen Stämmchen und den übermäßig vollen Blättern wie abgetrennte ausgewachsene Vorgartenbüsche aussehen).

Was wird er dem Onkel erzählt haben? Wahrscheinlich, wie vertrauensselig er gewesen sei, wie gutgläubig, wie leicht verführbar. Er wird gesagt haben, alles hätte ich ihm versprochen, das mühelose Geld, 20 % Gewinn, er wird vom Leverage Effect gesprochen haben. Und der Onkel wird nachgeschlagen haben: *Leverage Effect. Der Anleger muß einen wesentlich geringeren Geldbetrag beim Broker einzahlen, als die gehandelte Ware wert ist, dadurch schlagen Kursschwankungen um ein vielfaches stärker durch. Bei Gold sei das Margin, das ein Broker dem Kunden abverlangt, z.B. US $ 5 000. Hierfür kann der Kunde einen*

Goldkontrakt 100 Unzen erwerben, der bei einem angenommenen Kurs von 400 $ / oz. einen Wert von US $ 40 000 repräsentiert. Stiegt nun der Preis des Goldes um 5 % auf 420 $ / oz., dann macht der Kunde bei einer Veräußerung zu diesem Kurs einen Gewinn von US $ 2 000, der bezogen auf die Einlage 40 % ausmacht.

Donnerwetter, wird der Onkel gedacht haben, so kann man tatsächlich das große Geld von heute auf morgen machen. Und das hat auch Becker gedacht, wie all die anderen Anleger.

Alban Nikolai Herbst

Der Erzähler mehrerer 1000 Seiten starker Romane Alban Nikolai Herbst hatte Jahre lang selbst als Optionshändler mit amerikanischer Zulassung gearbeitet. Und so nimmt es nicht Wunder, daß beispielsweise in seinem mächtigen Riesenroman »Wolpertinger oder Das Blau« ein immer wieder Überraschungen liefernder Börsenhändler auftritt – und daß er auf die Idee kam, über einige Ausgaben hinweg einen **Literarischen Börsenbrief** *(hier aus dem September 1990) zu verfassen, der darüber befand, wie die Aktien der Literaten standen. Ein satirisch-böses Machwerk von einem, der beide Branchen kennt…*

Es geht nicht nur an der Deutschen Literaturbörse (DLB) in Frankfurt am Main um, sondern in Tokyo und auf der New York Literature Exchange (NYLE) kursieren entsprechende Gerüchte, daß man nämlich allen Ernstes erwäge, in Hinsicht auf den 3. Oktober eine Gesamtdeutsche Literaturbörse (GLB) einzuführen und die jeweils gehandelten Aktien mit dem Suffix »Gesamt« ganz allgemein zu versehen. Aus der derzeit mit 9 1/4 notierten »Wolf« würde ggbf. eine »Gesamtwolf«, aus »Kant« »Gesamtkant«, aus »Grass« »Gesamtgrass« usw. Erst soll überlegt worden sein, ob nicht die Werte zu splitten, also den Wert der »Wolf« aus »Ost-« und

»Westwolf« aufzuteilen und statt einer Aktie deren zwei auszugeben, die demgemäß mit 4 5/8 handelten. Das Procedere erschien dem clearing house der DLB (also dem Börsenverein des Deutschen – pardon: Gesamtdeutschen – Buchhandels) indessen als zu kompliziert. Es hätte schließlich jeder Inhaber einer »Wolf« sein Exemplar beim Börsenverein gegen deren zwei eintauschen müssen. Ganz abgesehen von administrativen Problemen war niemand sich sicher, ob der Gesamtleser sich darauf eingelassen hätte. Andererseits wirkt etwa der mit 20 1/2 gehandelte Wert »Bode Gesamthoff: Infanta« leicht entstellend, worüber auch der namentlich in São Paolo vollzogene, erstaunliche Kursanstieg nicht hinwegtäuschen könnte, so daß recht schnell mit einem Abrutsch zu rechnen wäre, namentlich in Frankfurt am Main. Bekanntlich war der Wert erst kürzlich in Leipzig gesettet worden, und wer damals bei einem Kurs von 4 5/8 einstieg, ist ohnedies gut beraten, ihn nun wieder abzugeben.

Überhaupt scheinen sich die gesamtdeutschen Werte eher an der New Yorker sowie vor allem den südamerikanischen Börsen zu orientieren; europäische Standarts sind gesamtorts ignoriert. Das nimmt, aus fundamentaler Sicht, Wunder. Etwa läßt sich analytisch nicht erklären, weshalb die »Fritz« nicht nur auf ein Kursniveau von 2 3/8 pendelt, sondern sogar noch abzurutschen droht, während Pleitiers wie »Berkéwicz« im LAX bullshiste Urständ feiern. Hiergegen ist die »Fritz« nun wirklich gesund, und das von ihr repräsentierte Unternehmen birgt enorme Potentiale, wie sie auch den anderen überbewerteten Aktien (etwa »Döring« oder »Morshäuser«, geschweige »Gruenter«) in gar keiner Weise zukommen. In puncto »Gahse« sprechen Analysten von Bluff sogar, von böswilliger Täuschung etc., weil Aktiva und Passiva sich seit der Auflage solcher Werte durchaus nicht decken wollen. Andererseits kennen wir es von US-amerikanischen Werten sehr gut, daß Unternehem ihre Buchgewinne durch in großem Stil vollzogene Käufe eigener Aktien künstlich in die Höhe treiben. Man sollte also zuwarten, bevor man die »Gruenter's« wieder abstößt, sich allerdings sichern durch den Kauf von »Fritz« und »G.-P. Eigner«, vielleicht sich im Markt diversifizieren über die Neuauflage von »Pirandello: Die Mythen« durch Sachon (derzeit bei 5 1/8 und also mit immensen Wachstumschancen). Blue Chips wie »Goethe«, »Camus« oder »Kleist« sollten aus Sicherheitsgründen in keinem Portefeuille fehlen; diese Werte sind über Jahre bewährt, bergen wenig Risiko, werfen allerding auch keine übermäßigen Renditen mehr ab, was wenigstens bei »Kleist« insofern verwundert, als bisweilen Töchterwerte auftauchen – im Börsenjargon »Amazonen« genannt –, die allerdings im Markt kaum nennenswerte Umsätze erzielen. Wer ein wenig mehr sich vorwagt und noch über geistig-finanziellen Spielraum verfügt, sollte sein Depot mit den extrem niedrig gehandelten »Gesamt von Niebelschütz« bestücken; wenn das übrige Zeug zusammenkracht – was Optimisten prognostizieren –, bleiben solche Werte konstant. »Niebelschütz« ist quicklebendig, wagemutig und baut auf einem Fundament, von dem den übrigen – aus Gründen geistiger Sparsamkeit – selbst zu träumen versagt ist. Aus unserer Sicht ein unbedingter Kauf.

Zu den Zinspapieren:

Wie Sie wissen, errechnet sich Zins über das Potential, literarische Schulen zu begründen. Klassische Werte hier sind die »Kafkas« und »Beketts«, insbesondere für Jungunternehmer. Zwar hat sich gerade bei den Genannten nie ein sonderlicher Effekt eingestellt – anders im Falle »Gesamtmann Thomas« und »US-Singer« –;

gleichwohl sind sie staatsgarantiert und darum dreifach-A-Papiere, die also kaum Risiken bergen. Dafür sind sie besteuert. »Adorno« etwa hat derzeit eine Rendite von 10,7 %, nur bei 6%igem Nennwert, während »Baudrilliard« im Preis sehr fiel, da er noch nicht so krisenfest war, wie seine Indossiers vermuten ließen. Lag hier der Nennzins bereits bei 9,5 %, so mußte man mit höherer Rendite kontern. Wir sehen voraus, daß demnächst – als Preußenfonds – ein »Kant«-Papier ausgegeben werden wird, dessen Ertrag noch erheblich höher liegen dürfte. Lassen Sie, solange Sie nicht spekulatieren wollen, gleichwohl »Adorno« und vielleicht »Gesamtcarlo Schmidt« kurzfristig laufen, um ggbf. in »Kant« oder das ebenfalls in Vorbereitung befindliche »Gesamtfriedrich Schlegel« bei einer Zinsrendite von tatsächlich 18 % hinüberzuswappen. Letzterer Wert soll ausgegeben werden, um die Rechnung Ost + West = Gesamt europäisch aufzufüttern und eine Fusion der »Wisocki« mit »Pavese« vorzufinanzieren.

17.9.1990, Frankfurt am Main

John Kenneth Galbraith

Ein Wirtschaftsprofessor der Harvard-University hat sein Expertenwissen in den Dienst seines eigenen Portfolios gestellt: Ein an die Systeme von verschworenen Tippgemeinschaften erinnerndes Index-Verfahren, computergestützt und durch Insider-Informationen hinterfüttert, läßt Prof. Marvin und Gemahlin á la baisse spekulieren. – Insgesamt liefert Galbraith in seinem frechen Roman **Baisse. Ein Professor mit Vermögen** *einiges Wisenswerte an börsengeschichtlichen Hintergründen*

»Was passiert, wenn ein Harvard-Professor Bankrott macht?« fragte Marjie eines Morgens beim Frühstück. »Wie viele Professoren sind eigentlich schon nach dem Konkursgesetz angeklagt?«

Marvin hatte das *Wall Street Journal* beiseite gelegt und sich in Computerausdrucke vertieft. »Das ist tatsächlich schon vorgekommen«, erwiderte er. »Einige Professoren waren in den Börsenkrach von 1929 verwickelt. Irving Fisher aus Yale zum Beispiel, eigentlich unser Mentor, der Erfinder der Indexziffern. Du hast schon von ihm gehört: der innovativste Wirtschaftswissenschaftler seiner Zeit. Anfang 1929 vermutete er, daß die Aktien ein neues, permanent hohes Kursniveau erreicht hatten; aufgrund dieser Fehleinschätzung stürzte er dann total ab. Die Universität brachte eine Kaution für ihn auf; sie kaufte sein Haus und ließ ihn auf unbefristete Zeit darin als Mieter wohnen. Ich bin nicht sicher, ob Harvard sich so rücksichtsvoll verhalten würde.«

»Sie hätten bestimmt kein Interesse an diesem Appartement. Und überhaupt haben wir deine Professur, genau wie damals Fisher!«

»Sicher, wir sind nicht gefährdet. Wenn eine Professur Sozialisten und Kommunisten schützt, dann muß sie auch gescheiterte Kapitalisten schützen. Wir sind schließlich nicht in Dinge verwickelt, die hier wirklich als unmoralisch angesehen werden, beispielsweise Sex. Aber jetzt muß ich zu meinem Kurs.«

Trotz solcher Anwandlungen fehlte es den Marvins nicht an Zuversicht. Im Jahre 1986 las Marvin erstmals von dem jähen Sturz Dennis Levines und dann von dem Ivan Boeskys, zweier hochkarätiger Profis, die mit Insiderinformationen operiert hatten. Er dachte wieder an seine eigenen hohen Prinzipien, wie er sie hinsichtlich der Übernahme jener Kühlgerätefirma formuliert hatte. Einige Jahre zuvor, bei einer großen Versammlung von höchst aufmerksamen Börsenanalytikern in einer New Yorker Investmentfirma, hatte er neben Boesky gesessen. Ein unablässiger Strom von Männern und vereinzelten Frauen seiner Generation war vorbeigezogen, um dem damaligen Finanzgenie die Hand zu schütteln und ein, zwei Worte mit ihm zu wechseln – *Darshan*, die hinduistische Gnade, eine hochgestellte Person zu schauen.

Wall Street hat ihren eigenen Wertmaßstab, und Marvin kannte ihn inzwischen sehr gut. Das Kriterium ist nicht Aufrichtigkeit, nicht öffentliches Engagement, nicht private Tugendhaftigkeit, nicht Intelligenz, nicht einmal persönliche Hygiene, wenngleich diese nach einem langen hektischen Tag im Börsensaal durchaus empfehlenswert ist. Das Kriterium ist simpel und unvermeidlich: das verdiente und akkumulierte Geld.

Wie schon so oft, lauschte Marvin an jenem Tag in New York der Einschätzung der uneingeschränkt guten, ungetrübten Zukunftsaussichten eines höchst fragwürdigen Unternehmens, wobei es diesmal um die Geheimnisse eines neuen Mikrochips ging. Er fühlte sich selbst einen Moment lang bestärkt. Für diese von sich selbst überzeugte Gemeinschaft war Geld der Maßstab. Und daran gemessen war er keineswegs eine bedeutungslose Figur. Nur war sein Kontostand nicht öffentlich bekannt.

Eine weitere Bestätigung erhielt er, als Mr. Boesky einige Wochen später von den Bundesbehörden festgenommen wurde. »Unser Vorteil ist«, sagte er zu Marjie, »daß wir uns im Rahmen des Gesetzes bewegen.«

»Red nicht so geschwollen daher«, sagte Marjie. »Wenn sie herausfinden, war wir vorhaben, dann werden sie das Gesetz ändern.« Marjie war oft hellsichtiger, als ihr bewußt war.

Im November 1986 reagierte die Börse negativ auf den sogenannten Boesky-Skandal. Der Dow fiel um 56 Punkte, und die Marvins konnten einige Gewinne verzeichnen. Ihre Indexziffern zeigten jedoch, daß der Optimismus weithin unvermindert blieb. In den folgenden Monaten sollte er sich noch erheblich verstärken. Die Marvins setzten mit all ihren Mitteln dagegen, auch mit allen Krediten, die sie irgendwie aufnehmen konnten. Es kostete sie Geld – Zinsen –, ihre Position zu halten, aber sie zweifelten nicht daran, daß das Ende bevorstand. Besonders deutlich wurde ihnen das im folgenden September, als der Index für einen größeren Aktienkorb immerhin ganze 200 erreichte. Knapp die Hälfte des Gesamtwerts dieser Aktien gründete also auf Optimismus. Der Tag der Marvins schien nahe.

Der 17. Oktober 1987 begann wie jeder andere Montag. Die Aktienkurse waren am Ende der vorangegangenen Woche deutlich gefallen, und Marvin rechnete mit weiterer Unruhe, doch zuerst kam wie immer die akademische Arbeit. Er frühstückte in untypischer Hast, und nach etwa einer Stunde sorgfältiger Vorbereitung – Studium seiner Aufzeichnungen aus früheren Jahren, ein Blick über den empfohlenen Lesestoff und zur Erinnerung noch ein rascher Blick auf die eigenen veröffentlichten Untersuchungen zum Thema – machte er sich auf den Weg zur Universität. In Harvard finden die Kurse entweder montags, mittwochs und freitags oder dienstags, donnerstags und samstags statt. Engagierte Dozenten entscheiden sich für die Montag-Mittwoch-Freitag-Variante, denn samstags sind die Kurse entweder nur spärlich besucht oder sie werden, wie in jüngerer Zeit, überhaupt nicht mehr gehalten. Marvin, von Natur aus ein gewissenhafter Mensch, hielt sich an die Montag-Mittwoch-Freitag-Folge und konnte mit Hilfe seines Buchs – eine weithin akzeptierte Unterrichtsmethode an der Universität – die theoretischen und mathematischen Aspekte der Preis- und Produktionsanalyse bei Kühlgeräten und verwandten Produkten behandeln, und zwar innerhalb der vorgesehenen Anzahl von Lehrstunden. (So, wie an der modernen Universität bekannt ist, daß jede Idee auf fünfundfünfzig Minuten zusammengepreßt oder gestreckt werden kann, so wird auch die Ansicht vertreten, daß sich ein Thema in entweder dreizehn oder sechsundzwanzig Wochen erschöpfend behandeln läßt.)

Nach seiner Vorleseung schlenderte Marvin zum Harvard Square hinüber, um in der Universitätsapotheke ein Rezept für eines der Kinder abzugeben. Die Zwillinge gingen normalerweise in eine Kindertagesstätte, aber an diesem Tag war Laura krank. In der Nähe der Massachusetts Avenue, der Hauptstraße von Cambridge, kam er an einer kleinen Brokeragentur vorbei, mit der er noch nie gearbeitet hatte. Er bemerkte im

Inneren eine große und, bei nährem Hinsehen, recht nervös wirkende Menge. Aus einer Mischung von Neugier und Interesse trat er ein. Fast im selben Moment stieß er auf einen Bekannten, jenen Biotechniker, der ihm damals als Gefahr für den geheimen Charakter seiner Finanzoperationen erschienen war. Die Augen des Professors klebten am Quotron.

»Was ist los?« fragte Marvin.

»Eine Korrektur«, sagte sein Kollege, ohne ihn anzusehen, und dann, mit Betonung: »Eine wirklich grössere Korrektur. Überall Einbrüche. IBM, General Elektric, Minnesota Mining…«

»Sind Sie betroffen?«

»Ein wenig. Mein Bruder, ich glaube, ich habe Ihnen von ihm erzählt, wir haben gerade miteinander gesprochen, es dauerte eine halbe Stunde, bis ich durchkam, deshalb bin ich hier – er hat gesagt, es sei eine größere Korrektur.«

Marvin sah eine Weile zu. Die Kurse fielen, eine Notierung schlechter als die andere. Er wollte wieder gehen, als er mit Professor Grierson zusammenstieß.

»Es soll ziemlich schlimm sein«, sagte Grierson.

»Eine größere Korrektur«, sagte Marvin. Die gültige Formulierung ging ihm leicht über die Lippen.

Nach Hause zurückgekehrt, setzte er sich ans Telefon. Selbst mit einem Sonderanschluß war es schwierig, eine Verbindung herzustellen. Schließlich kam er durch und erhielt die gewünschte Auskunft: Er war einer der wenigen, die nicht telefonierten, um zu verkaufen.

Marjie mußte sich noch immer um ihr krankes Kind kümmern: Halsschmerzen, Mandelentzündung. Der Arzt hatte ein Antibiotikum verschrieben, das Laura nur unter starkem Protest nahm.

Um nicht noch zusätzlich für Spannung zu sorgen, ging Marvin über die Straße in den Faculty Club und setzte sich zu einem späten Lunch an den langen Tisch. Natürlich war noch keine Nachricht von der Entwicklung auf dem Börsenmarkt dorthin gedrungen, aber die Unterhaltung drehte sich seltsamerweise doch um Finanzen. Seit jener Zeit, als die Studenten auf dem Yard Hütten errichtet und die Universitätsverwaltung aufgefordert hatte, ihre Kapitalbeteiligung an Firmen, die wirtschaftlich in Südafrika engagiert waren, aufzugeben, war immer wieder über einen solchen Rückzug diskutiert worden. Ein Professor für Romanistik fragte die Runde, ob sich die Universität, angesichts der allgemeinen Wirtschaftslage, einen solchen Schritt überhaupt leisten könne. Andere widersprachen. Die Debatte war lebhaft. McCrimmon bezweifelte, ob eine akademische Institution überhaupt Stammaktien besitzen sollte.

Eine von Marvins Regeln lautete, sich in seinem Denken niemals von den alltäglichen Börsenschwankungen beeinflussen zu lassen. Der Index der Irrationalen Erwartungen mit seinen dazugehörigen Koeffizienten, die besagten, wann zu kaufen und wann zu verkaufen war, sollte derartige Konflikte vermeiden. Aber keine Regel ohne Ausnahme. Nach dem Lunch telefonierte Marvin mit Marjie, um ihr mitzuteilen, was er vorhatte. Dann fuhr er mit der U-Bahn nach Boston. Er stieg Park Street aus und ging, erstaunt über seine innere Ruhe, ins Börsenviertel, zum Büro des großen Brokerhauses, das inzwischen die Geschäfte der Marvins abwickelte.

In Harvard war Marvin ein Professor; hier in der State Street war er, von bescheidenem und liebenwürdigem Auftreten, eine Persönlichkeit, die beeindruckte. Er mußte sich zunächst ausweisen, wurde dann aber in ein für wichtige Klienten reserviertes, inneres Heiligtum geführt. Hier hatte sich etwa ein Dutzend Kunden eingefunden, um in angenehmer Atmosphäre die Entwicklung auf dem Börsenmarkt zu verfolgen. Draußen vor dem Zimmer herrschte ein nervöses Hin und Her; drinnen gab sich jeder ruhig. Marvin dachte, daß die wirklich Reichen sich dadurch auszeichneten, daß sie ihr Geld in Würde verlieren konnten. Bei näherem Hinsehen wurde ihm klar, daß er keinem größeren Irrtum hätte erliegen können. Nachdem er mit heimlicher Befriedigung festgestellt hatte, daß die Aktienkurse noch immer in einer Weise purzelten, auf die selbst sein Index ihn nicht vorbereitet hatte, wandte er sich, scheinbar beiläufig, den anderen Anwesenden zu.

Ihre Pein war offensichtlich. Eine Frau auf der anderen Seite des Zimmers tupfte sich immer wieder mit einem Taschentuch die Augen. Ein Mann ganz in der Nähe hielt sich in regelmäßigen Abständen die Hände vor die Augen, als müßte er sie vor der gedämpften Deckenbeleuchtung schützen. Andere machten keine derart verräterische Gesten, sondern starrten nur mit grimmiger Konzentration auf den Tranzlux. Gelegentlich ging jemand aus dem Zimmer und kam wieder herein – vielleicht ein weiterer Verkaufsantrag. Am schlimmsten war es, als sich herumsprach, daß der Ticker zwei Stunden Verspätung hatte: eine schlimme Gegenwart mit unübersehbaren Anzeichen für eine noch schlimmere Zukunft.

Marvin, die Augen auf die sich verändernden Zahlen gerichtet, sah sich buchstäblich mit jeder Minute reicher werden. Er überlegte, ob sein Gesicht, im Gegensatz zu all den anderen, die innere Gewißheit verbarg.

Schließlich fand der Börsentag ein Ende. Marvin ging hinaus. Ein dünner Mensch vor ihm, in blauem Jackett und grauer Flanellhose, sprach ihn an, als sie den größeren Nachbarraum betraten, aus dem die proletarischen Investoren, einige sichtlich geknickt, zur Tür strebten.

»Sie sind aus Harvard, nicht wahr?«

»Ja«, sagte Marvin, »kennen wir uns?«

»Ich war in dem Jahr, als Sie ernannt wurden, in der Aufsichtskommission in Ihrer Fakultät. Ich bin Studentenjahrgang '54. Was halten Sie von dieser furchtbaren Geschichte – ich meine, als Wirtschaftsprofessor? Waren Sie darauf vorbereitet?«

»Eine bedeutsame Korrektur«, sagte Marvin, die Formel leicht variierend. Dann meinte er vorsichtig: »Aber mich hat es nicht so arg erwischt! Und Sie?«

»Es war schlimm. Ich hoffe, daß sich morgen in Washington jemand – genauer gesagt, Reagan persönlich – mit einer beruhigenden Erklärung an die Öffentlichkeit wendet. Und betont, daß die Wirtschaft grundsätzlich gesund ist.«

»Das hat Präsident Hoover nach dem Börsenkrach von 1929 mehrere Male gesagt«, sagte Marvin.

»Solche Grundwahrheiten kann man nicht oft genug hören. Ich möchte Sie noch einmal fragen, was Sie von dieser Sache heute halten?«

»Eine ganz fundamentale Korrektur«, sagte Marvin.

Sein Gesprächspartner schien zuzustimmen. Mit ziemlich hängenden Schultern verschwand er in der Menschenmenge.

(deutsch von Matthias Fienbork)

John Dos Pasos

Eine großartige Collage aus Zeitungsmeldungen, historischen Analysen und brillant erzählten Zeitaufnahmen ist die »Amerika-Trilogie« von John Dos Pasos. Zwischen 1930 und 1939 läßt er ein Bild Amerikas entstehen, dessen zweiter Band dem wirtschaftlichen Geschehen und seinen Hauptakteuren gewidmet ist.
Die Hochfinanz *heißt der Band. Die zügellose, unbändig eigenwillige Unternehmerfigur Charley hat darin mit seinem Kompagnon eine Fabrik für neuartige Flugzeugmotoren gegründet. Eigentlich ist dieser Ingenieur und Gründer am seligsten inmitten seiner Mechaniker und Techniker, zwischen Getrieben und Produktionsanlagen – aber zusehens fasziniert ihn das Börsengeschehen. Denn sein Unternehmen, das eben den IPO hinter sich gebracht hat, und die neuen aviatischen Börsenwerte beginnen den zunächst noch beherrschenden Markt für Automobil-Aktien umzukrempeln*

Es war ein heller, metallisch glitzernder Januartag, als Charley in die Stadt fuhr, um mit Net Benton zu lunchen. Er kam ein wenig zu früh ins Büro des Börsenmaklers, wartete in dem leeren Raum und blickte durch die breiten Stahlrahmenfenster auf den North River und die Freiheitsstatue hinaus, auf die dahinterliegende schimmernde Bucht mit ihren grünen Kräuselwellen im Nordwestwind, mit den weißen Rauchbäuschen der Schlepper (betupft), mit Gischtfetzen und dem schäumenden Kielwasser der gegen den Wind fahrenden Frachter (gestreift), mit Leichtern und Schuten, Autofähren, Prahmen und den roten, stupsnäsigen Passagierfähren (kariert). Ein Schoner mit grauen Segeln lief vor dem Winde aus. Charley saß an Net Bentons Schreibtisch, rauchte eine Zigarette und paßte gut auf, daß die Asche in dem polierten Messingbehälter neben dem Schreibtisch landete. Das Telephon surrte. Es war die Telephonistin. »Mr. Anderson – Mr. Benton läßt sagen, er bittet Sie, ihn noch für ein paar Minuten zu entschuldigen. Er ist auf der Börse. Er wird gleich kommen.« Ein wenig später steckte Benton sein mageres blasses Gesicht auf dem langen Hühnerhals durch den Spalt der Tür herein. »Hallo, Charley – ich komme sofort.« Charley hatte Zeit, noch eine Zigarette zu rauchen, bevor Net Benton endgültig erschien. »Sie sind sicher halb verhungert.« – »Das macht nichts – ich habe die schöne Aussicht genossen.«

»Aussicht?... Ja, gewiß... Ich glaube, ich werfe die ganze Woche keinen Blick aus dem Fenster... Dabei hat Vanderbilt auf einer dieser ollen Fähren angefangen... Ich glaube, wenn ich nicht immerzu meine Nase in den Ticker stecken würde, ginge es mir besser... Los, wir wollen einen Bissen essen.« Als sie im Fahrstuhl hinunterfuhren, sagte Benton: »Sie zu erwischen, ist bei Gott ein Kunststück.«

Charley erwiderte lachend: «Das erste Mal seit einem Jahr, daß ich das Arbeitszeug loswerde.«

Als sie durch die Drehtür ins Freie kamen, fühlten sie die beißende Kälte. »Wissen Sie, Charley, in Wall Street spricht man ziemlich viel über eure Firma... *Askew-Merrit* sind gestern um fünf Punkte gestiegen. Neulich war ein Mann aus Detroit hier, ein Erdschaufelfritze – Sie kennen den Tern-Konzern –, und hat Sie überall gesucht. Wenn er nächstens wiederkommt, werden wir zusammen lunchen.«

Als sie zur Ecke unter der Hochbahn kamen, peitschte ein eisiger Wind ihre Gesichter und trieb ihnen die Tränen in die Augen. Die Straße wimmelte von Menschen. Männer, Laufburschen, hübsche Stenotypistinnen, alle hatten die gleichen sorgenvollen Mienen und gehetzten Lippen wie Nat Benton. »Schön kalt heute.« Benton schnappte nach Luft und schlug den Kragen hoch. »Diese Dampfheizung verweichlicht.« Sie flüchteten mit geduckten Köpfen in ein Haustor und stiegen in den Warmebrötchengeruch eines Kellerlokals hinab. Als sie sich hinsetzten, um die Speisekarte zu studieren, kribbelten ihnen noch immer die Gesichter vor Kälte.

»Wissen Sie«, sagte Benton, »ich habe den Eindruck, ihr seid auf dem besten Weg, einen Batzen Geld zu verdienen.« »Es war nicht leicht, den Karren in Gang zu bringen«, sagte Charley, während er seinen Löffel in einen Teller Erbsensuppe tauchte. Er war hungrig. »Kaum schaut man weg, geht etwas schief, und der ganze Betrieb bricht zusammen. Jetzt aber habe ich einen prächtigen Werkmeister erwischt. Einen Piefke, der bei den Fokkerwerken angestellt war.«

Nat Benton aß Roastbeefbrote und trank dazu Buttermilch. »Ich habe eine ebenso schlechte Verdauung wie...« – »John D. Rockefeller«, warf Charley ein. Beide lachten.

Benton setzte das Gespräch fort. »Aber wie gesagt, ich verstehe nichts von Fabrikationsproblemen. Ich habe mir nur überlegt, das Geheimnis, in dieser Branche Geld zu verdienen, liegt darin, geeignete Leute zu finden, die für einen arbeiten. Sie arbeiten für einen, oder man arbeitet für sie. Darauf läuft es hinaus. Ihr stellt dort draussen in Long Island City die Ware her, aber wenn ihr Geld verdienen wollt, müßt ihr zu uns in die Stadt kommen und es *hier* verdienen... Habe ich recht?«

Charley blickte von dem saftigen Beefsteak auf, das er soeben anschneiden wollte. Er fing an zu lachen. »Vermutlich«, sagte er. »Man müßte ein kompletter

Idiot sein, um sein Leben lang an einem Zeichenbrett zu kleben.« Sie unterhielten sich eine Weile über Golf, dann, beim Kaffee, sagte Benton: »Charley, ich wollte Ihnen bloß einen Tip geben, weil Sie gewissermaßen mit Doris Humphries befreundet sind – verkaufen Sie ja keine Aktien! An Ihrer Stelle würde ich soviel Bargeld wie nur möglich zusammenkratzen und alles, was auf dem Markt herumschwirrt, gegen Deckung aufkaufen. Dazu werden Sie bald Gelegenheit haben.«

»Sie glauben, der Kurs wird weitersteigen?«

»Also, ganz unter uns... Merritt und seine Leute sind beunruhigt. Sie wollen verkaufen, deshalb muß man mit einem Kursfall rechnen. Darauf warten die Tern-Leute in Detroit, um billig reinzukommen, verstanden? Eure kleine Firma gefällt ihnen. Euren Motor finden sie prima. Wenn es Ihnen recht ist, will ich gern aus alter Freundschaft Ihr Maklerkonto verwalten.«

Charley lachte. »Das hätte ich mir auch nicht träumen lassen, daß ich eines Tages ein Maklerkonto haben werde... Aber bei Gott, Sie könnten recht haben.«

»Ich möchte nicht gern, daß Sie eines Morgens aufwachen und auf dem Pflaster liegen, mein lieber Charley.«

Nachdem sie gegessen hatten, fragte Benton Charley, ob er schon einmal die Börse in Betrieb gesehen habe. »Wenn man sie nie gesehen hat, ist es interessant, sie anzusehen«, sagte er und führte Charley über den Broadway, wo der schneidende Wind ihre Gesichter peitschte, durch eine schmale, von hohen Gebäuden beschattete Straße in ein von Menschen wimmelndes Vestibül. «Diese Kälte beißt in die Ohren«, sagte er. – »Da müßten Sie erst mal dort sein, wo ich zuhause bin«, sagte Charley. Sie fuhren mit einem Fahrstuhl nach oben und kamen in einen kleinen Raum, wo einige ältere, uniformierte Typen Nat Benton mit ziemlichem Respekt begrüßten. Nat schrieb sich in ein Buch ein, und sie wurden durch eine schmale Tür auf die Besuchergalerie geführt. Dort standen sie eine Weile und blickten in eine große, grünliche Halle hinab, die an einen Bahnhof erinnerte, auf die Köpfe zahlreicher Männer, die teils uniformiert waren, teils weiße Abzeichen trugen und langsam die Kursstände umkreisten. Manchmal verdichtete sich das Gedränge an einem Pult, mal an dem anderen. Geräusche erfüllten die Luft und übertönten den Stimmenlärm, das Füßescharren, das leise Klicken der Apparaturen. »Es sieht nach nichts aus«, sagte Nat, »aber hier wandern die Vermögen von Hand zu Hand.« Nat zeigte Charley die Pulte, an denen verschiedene Aktienkategorien gehandelt wurden. »Luftfahrtpapiere stehen wohl nicht sehr hoch im Kurs«, sagte Charley. »Nein«, sagte Nat, »man interessiert sich nur für Stahl und Erdöl und die Automobilindustrie.« – »Wir wollen ihnen ein paar Jährchen Zeit lassen – was meinen Sie?« sagte Charley prahlerisch.

Charley fuhr mit der Hochbahn durch die Second Avenue und dann über die Queensboro Bridge. An der Queens Plaza stieg er aus und spazierte zu der Garage, in der er seinen Wagen eingestellt hatte, einen gebrauchten Stutz-Roadster. Es herrschte ein lebhafter Verkehr; bevor Charley den Betrieb erreichte, war er müde und schlechter Laune geworden. Der Himmel hatte sich bewölkt, der Wind wehte trockenen Schnee herbei. Charley bog von der Straße ab und bremste in der knirschenden Asche des Hofes vor den Büroräumen, dann nahm er seinen gepolsterten Fliegerhelm ab, blieb, nachdem er den Motor abgestellt hatte, eine Weile im Auto sitzen und lauschte den surrenden, schwirrenden, ratternden Stimmen der Fabrik. »Die Schweinehunde fangen zu trödeln an«, murmelte er vor sich hin.

Er steckte den Kopf in Joes Bürozimmer, aber Joe unterhielt sich eifrig mit einem Herrn in einem Waschbärpelz, der Herr sah aus wie ein Börsenagent. Er ging durch den Korridor in sein Zimmer, sagte: »Tag, Ella, rufen Sie Mr. Stauch«, und setzte sich an seinen Schreibtisch, der mit blauen und gelben Memoranden bedeckt war. Verfluchte Scheiße, dachte er, sein Leben lang an einen Schreibtisch gefesselt zu sein.

(deutsch von Paul Baudisch)

Die Quellen

Thomas Wolfe, **Fegefeuer der Eitelkeiten**, © 1988 Kindler Verlag GmbH, München; Benjamin Schwarz
Alban Nikolai Herbst, **Ein literarischer Börsenbrief**, © Alban Nikolai Herbst, 1991
Bret Easton Ellis, **American Psycho**, ©1991 Verlag Kiepenheuer & Witsch, Köln
Italo Svevo, **Zeno Cosini**, © 1959 Rowohlt Verlag, Frankfurt
Upton Sinclair, **So macht man Dollars**, © 1931 Wieland Herzfelde, Berlin
Emile Zola, **Geld**, © 1995 Insel Verlag, Frankfurt a.M./Leipzig
Heinrich Mann, **Die Armen**, © 1988 claassen Verlag GmbH, Düsseldorf, für die BRD
Theodore Dreiser, **Der Titan**, © 1928 Paul Zsolnay Verlag Gesellschaft m.b.H., Wien/Hamburg
Walter Mehring, **Der Kaufmann von Berlin**, Drama, © 1995 Wallstein Verlag, Göttingen
John Dos Pasos, **Die Hochfinanz**, © 1962 Rowohlt Verlag GmbH, Reinbek bei Hamburg
Urs Widmer, **Die Gestohlene Schöpfung**, © 1984 Diogenes Verlag, Zürich
John K. Galbraith, **Baisse**, © 1990 Eichborn Verlag, Frankfurt
Gustav Freytag, **Soll und Haben**, © 1977 Carl Hanser Verlag, München und Wien
Fritz Müller-Partenkrichen, **Kramer & Friemann** © 1958 Verlag C. W. Niemeyer, Hameln
U. Timm, **Kopfjäger**, © 1991 Verlag Kiepenheuer & Witsch, Köln
Erich Kästner, **Fabian**, © Atrium Verlag, Zürich

Etwaige nicht benannte Rechte-Inhaber, die nicht hatten recherchiert werden können, werden freundlichst gebeten, sich beim Verlag zu melden.

Der Riesenroman **Wolpertinger oder Das Blau** von **Alban Nikolai Herbst**, der für mehrere Jahre selbst als Optionshändler tätig war, sorgte für einiges Aufsehen, was auch an den Eskapaden eines gewissen **Brokers** Dietrich Daniello liegt, der durch den Roman geistert und sein schalkhaftes Wesen treibt. Daneben finden Sie – zugegeben: weitab von seriösem Aktienhandel angesiedelt... – die Erlebnisse und Taten eines sehr speziellen Buchhalters, nämlich

Die blutige Trauer des Buchhalters M. Dolfinger
Lamento / Roman, 224 Seiten, DM 28 – ferner:

Eine Sizilische Reise / Fantastischer Bericht
In gelbes Leinen gebunden, 208 Seiten, DM 32

Die Orgelpfeifen von Flandern
Novelle, 80 Seiten, DM 22

Übrigens: Gut möglich, daß Sie zukünftig weitere literarisch sowie fachlich anregende Titel über die **BÖRSE** bei uns finden werden – fragen Sie an:

Über Ihr näheres Interesse an den obigen wie auch an allen anderen Titeln aus unserem Programm freut sich herzlich Ihr Buchhändler, und natürlich wir selbst

axel dielmann — verlag
Kommanditgesellschaft in Frankfurt am Main
Oskar von Miller Straße 18
60314 Frankfurt am Main
Telefon 069 / 9435 – 9000 Fax – 9002
E-Mail dielmann_verlag@yahoo.de

REIHE **ETIKETT**